《山东省企业工资集体协商条例》辅导读本

尹慧敏　于建成　主编

山东省人大内务司法委员会
山　东　省　总　工　会
山东省人大常委会法制工作委员会
编著

中国工人出版社

图书在版编目（CIP）数据

《山东省企业工资集体协商条例》辅导读本 / 山东省人大内务司法委员会，山东省总工会，山东省人大常委会法制工作委员会编著.
—北京：中国工人出版社，2017.8
ISBN 978-7-5008-6796-8
Ⅰ.①山… Ⅱ.①山… ②山… ③山… Ⅲ.①企业管理–工资制度–条例–基本知识–山东 Ⅳ.①D927.520.251
中国版本图书馆CIP数据核字（2017）第216882号

《山东省企业工资集体协商条例》辅导读本

出 版 人　芮宗金
责任编辑　张振宇
责任校对　孙迺伟
责任印制　栾征宇
出版发行　中国工人出版社
地　　址　北京市东城区鼓楼外大街45号　邮编：100120
网　　址　http://www.wp-china.com
电　　话　（010）62005043（总编室）　（010）62005039（出版物流部）
　　　　　（010）82075935（工会与劳动关系分社）
发行热线　（010）62004002　（010）82081553（传真）
经　　销　各地书店
印　　刷　北京市密东印刷有限公司
开　　本　700 毫米 × 1000 毫米　1/16
印　　张　11.25
字　　数　140千字
版　　次　2017年9月第1版　2017年11月第2次印刷
定　　价　30.00 元

编写委员会

主　编　尹慧敏　于建成

副主编　郭建昌　刘赞杰　翟黎明　周　杰

成　员　冯庆禄　陈新伟　杨　利　王仲泉

张明敏　季家彬　解立峰　卢国栋

吴兴波　赵玉玲　孙　健　张　犁

前言

2016年11月26日，山东省第十二届人民代表大会常务委员会第二十四次会议审议通过了《山东省企业工资集体协商条例》（以下简称《条例》），自2017年1月1日起施行。这部地方性法规的出台，标志着山东省企业工资集体协商走上了规范化、法治化的轨道。

当前，我国正处于经济转型升级的关键时期，劳动关系的主体及其主体利益诉求越来越多元化，劳动关系矛盾进入凸显期和高发期，已成为影响企业健康发展和社会和谐稳定的重要因素。党中央和国务院高度重视企业工资集体协商工作，党的十八大报告和十八届三中全会《关于全面深化改革若干重大问题的决定》明确提出，“深化企业和机关事业单位工资制度改革，推行企业工资集体协商制度，保护劳动所得”，“健全工资决定和正常增长机制，完善最低工资和工资支付保障制度，完善企业工资集体协商制度”。山东省委对推动实施企业工资集体协商制度也作出了具体安排。在这样的背景下，山东省制定出台《条例》，是贯彻落实党中央和山东省委决策部署的重要举措，是总结山东省企业工资集体协商工作实践经验、完善企业工资集体协商制度的重大成果，对于维护职工合法权益，促进企业与职工合作共赢，增强企业凝聚力，促进劳动关系和谐稳定，具有重要意义。

《条例》共9章55条，分为总则，协商代表，协商内容，协商程序，行业性、区域性工资集体协商，工资专项集体合同的履行、变更、解除和终止，争议处理，法律责任，附则。

《条例》主要特色体现为“四个注重”“两个强化”。

1. 注重上位法与山东实际的结合。《条例》严格遵循了《中华人民共和国劳动法》《中华人民共和国劳动合同法》《中华人民共和国工会法》等法律的有关规定，认真贯彻了中央关于构建和谐劳动关系的最新要求。同时，又紧密结合山东实际，系统总结了山东省开展工资集体协商的实践经验，在协商程序和内容等方面作了细化，增加了一些创新性规定。例如，《条例》第七条对协商代表人数只规定每方至少3名，没有规定上限，具体人数由双方协商确定；第十二条对提高工资集体协商的效率和质量，更好地保护职工和企业合法权益，规定了双方首席协商代表可以书面委托本企业以外的律师、基层法律服务工作者等专业人员作为本方的协商顾问。经双方协商同意，可以引进第三方专业咨询机构参与工资集体协商。

2. 注重保护职工权益与保护企业权益的结合。职工的合法权益需要保护，企业发展也同样需要和谐稳定的用工环境和积极性高、责任心强、爱企敬业的职工。工资集体协商是企业劳资双方加强理解沟通，形成利益共同体、事业共同体、命运共同体的有效平台。《条例》明确了立法宗旨（第一条）是规范企业工资集体协商，保护职工和企业合法权益，促进劳动关系和谐稳定；既规定开展工资集体协商是企业的义务，也规定职工有支持企业依法生产经营管理、合法开展工资集体协商的义务，以保障职工实际工资水平与企业劳动生产率、经济效益以及当地社会经济发展水平相适应。

3. 注重问题导向立法与立法解决问题的结合。《条例》对工资集体协商实践中经常遇到的一些普遍性难点和问题作出了明确规定。例如，针对职工方协商代表“不敢谈”的问题，第十五条规定企业应当为协商代表提供参加工资集体协商所必需的工作条件。协商代表参加工资集体协商以及参加有关的会议、培训等视为提供正常劳动，其工资、福利待遇不变。企业不得因协商代表依照本条例履行职责与其解除劳动合同。针对部分企业信息不公开，导致职工方难以掌握企业实际情况，不利于职工方提出合理诉求的情况，第二十三条详细列举了企业方应当向职工方提供的开展协商所必需的情况和资料，解决了职工方开展协商缺乏有效信息数据支撑的问题。

4. 注重政府主导与工会组织指导监督的结合。为了确保企业工资集体协商制度得到有效落实，《条例》规定了县级以上人民政府、人社部门、各级工会及相关社会组织的责任。例如，第五条规定县级以上人民政府应制定和完善相关政策，推动企业工资集体协商依法有序进行；人力资源社会保障部门依法进行监督管理；各级工会组织依法对职工方开展工资集体协商进行指导，对工资专项集体合同的履行进行监督；工商业联合会和企业联合会、行业协会等企业代表组织应引导、支持、帮助或者参与企业工资集体协商。

5. 强化行业性、区域性工资集体协商。开展行业性、区域性工资集体协商，具有十分重要的现实意义：（1）有利于完善集体协商制度，形成企业、行业、区域协商相衔接配合的工资集体协商体系。从开展工资集体协商的实践来看，企业、行业、区域三个层次既各有优势，又相互联系、相辅相成、相互促进，只有三者各展所长、有机结合，工资集体协商工作才能深入推进。（2）有利于改变工会在集体协商中的弱势地位，破解集体协商工作中存在的突出问题。开展行业性、区域性工资集体协商，能够破解企业工会直接与企业行政方协商面临的各种制约和障碍，避免中小企业单独开展工资集体协商时“不敢谈”“不会谈”“不能谈”的尴尬，有利于增强集体协商的实效性和针对性、降低协商的社会成本。（3）有利于加快产业升级、转变经济发展方式。当前经济发展新常态下，我国经济发展呈现出速度变化、结构优化、动力转换三大特点。开展行业性、区域性工资集体协商，能够摆脱单个企业协商的局限，抓住行业、区域内职工关注、带有普遍性和倾向性、对劳动关系影响较大的突出问题进行协商，反映和解决一些在企业层面无法解决的难题，有利于促进建立统一、规范、有序的劳动力市场，把更多企业引导到依靠科技进步、产业升级谋求长远发展的轨道上来，对维护职工合法权益、调动和发挥职工生产积极性、促进经济健康发展起到实实在在的作用。为此，《条例》专设一章（第五章，第三十二条至第三十八条），对行业性、区域性工资集体协商作出明确规定，使行业性、区域性工资集体协商有章可循、有法可依。

6. 强化了法律责任。本着原则性与灵活性相结合的原则，根据法律有关规定，《条例》分别对企业、企业法定代表人或者主要负责人、职工、人力资源社会保障部门或者其他有关部门及其工作人员、工会组织及其工作人员、协商代表和记录员等单位和人员违反《条例》的行为，设定了具体的责任条款，增强了《条例》的约束力和强制力，为保障企业工资集体协商工作的顺利开展奠定了坚实的法治基础。

前 言

法律的生命力在于实施。《条例》具有很强的综合性、基础性、专业性、指导性，涉及的主体众多，既有各级工会、人社部门、工商联合会，又有职工、各类企业，还涉及行业性区域性集体协商。为便于各类主体学习好、领会好、贯彻好《条例》，山东省人大内务司法委员会、山东省人大法制工作委员会、山东省总工会组织力量编写了《〈山东省企业工资集体协商条例〉辅导读本》一书。该书全面介绍了制定《条例》的背景意义、指导思想、主要过程和基本内容、特点，对《条例》进行逐条解读。条文解读分为条文主旨、立法背景、条文解读和相关规定4个部分。“条文主旨”简要提炼了条文的主要内容；“条文解读”详细解读条文，着重说明条文的核心内容；“相关规定”列举了制定《条例》所依据或者参照的有关法律法规和政策文件规定，方便读者学习和查阅。该书有助于执法主体、职工、企业等全面准确理解和把握立法精神，更好地贯彻落实《条例》，既是执法主体开展业务学习培训的重要辅导读本，也是职工、企业维护合法权益的工具书。

推进企业工资集体协商顺利开展，是一项系统工程，也是推动劳动关系和谐、推动经济社会健康发展的基础性工作。山东省要全面贯彻党的十八大和十八届三中、四中、五中、六中全会精神，深入学习贯彻习近平总书记系列重要讲话精神和治国理政新理念、新思想、新战略，以全面施行《条例》为契机，牢固树立“四个意识”，完善企业工资集体协商制度，全面推进企业开展工资集体协商，促进劳动关系和谐稳定，为建设平安山东、法治山东和经济文化强省作出更大贡献！

本书编写组

2017年6月

目 录

第一章 总 则

本章要点

总则是《条例》的总纲，在整部《条例》中居于统领全篇、总揽全局的重要地位。本章对企业工资集体协商的普遍性、原则性、总括性问题作出规定，内容涉及对山东省企业工资集体协商具有普遍意义的指导思想和基本制度，同时为《条例》其他章节具体条文的规定提供理论依据、基本方向和指导原则。正确把握本章内容，对于全面准确理解和贯彻实施好《条例》，具有十分重要的意义。

本章共6条，规定了《条例》的立法目的和依据、适用范围、概念定义、工作原则、实施主体和基本职责。

第一章
总 则

第一条 为了规范企业工资集体协商，保护职工和企业合法权益，促进劳动关系和谐稳定，根据《中华人民共和国劳动法》、《中华人民共和国劳动合同法》、《中华人民共和国工会法》等有关法律、行政法规，结合本省实际，制定本条例。

条文主旨

本条是关于《条例》的立法目的和依据的规定。

条文解读

任何法的制定都有其立法目的，立法日的主要分为直接目的和间接目的，也分为具体目的和抽象目的、微观目的和宏观目的。科学规范表述《条例》的立法目的，有利于执法主体准确把握《条例》及有关条文的立法精神和内涵，从而更好地贯彻实施；也有利于职工和企业等权利义务主体准确理解《条例》的立法宗旨和价值取向，从而正确行使权利，自觉履行义务。在立法目的之后设置立法依据，宣示了企业工资集体协商地方立法的合法性及立法的动因和渊源。

《条例》的立法目的有三：

1. 规范企业工资集体协商。这是制定《条例》的直接目的。山东省推行企业工资集体协商制度已经20多年了，积累了丰富的实践经验，但是在企业工资集体过程中存在着“不能协商”“不会协商”以及协商程序不规范、协商流于形式等问题，严重地影响了企业工资集体协商的效果，影响了贯彻落实中央关于推行企业工资集体协商制度的精神和山东省委决策部署的力度。通过制定《条例》，使企业工资集体协商工作走上规范化、法治化的轨道。

2. 保护职工和企业合法权益。这也是制定《条例》的直接目的。开展工资集体协商为职工提高工资收入水平提供了可能。根据《中华人民共和国劳动法》《中华人民共和国劳动合同法》《中华人民共和国工会法》等劳动法律、法规的规定，依法订立的集体合同对企业和全体职工具有法律约束力，职工个人与用人单位订立的劳动合同中劳动条件和劳动报酬等标准不得低于集体合同的规定。开展工资集体协商、订立工资专项集体合同的过程就是为职工工资收入、福利待遇等确定合理标准的过程，是维护职工合法权益的题中应有之义。同时，随着经济社会的快速发展，广大职工的收入水平有了很大程度的提高，但与经济社会的发展程度还不完全适应，特别是一线职工收入水平偏低的问题还比较突出，广大职工对维护自身劳动经济权益、共享经济社会发展成果充满期待。推行工资集体协商制度，一方面，可以从制度上保护职工合法权益免受漠视和侵害；另一方面，也能够建立市场经济条件下维护职工合法权益和协调劳动关系的有效机制。因此，推行工资集体协商制度，是符合市场经济条件下劳动关系发展和变化要求的通行做法，也是让广大职工充分表达诉求，维护职工合法权益的重要手段。

开展工资集体协商也是促进企业可持续发展的有效途径。实现企业健康发展，必须充分调动和保护职工积极性、主动性和创造性。工资集体协商制度就是要在劳动关系双方之间建立一种常态化、制度化、长效化的利益协调机制，形成企业和职工利益共享机制，推动企业与职工协商共谋、机制共建、效益共创、利益共享，把企业打造成利益共同体、事业共同体、命运共同体，从而实现企业的长远健康发展。

3. 促进劳动关系和谐稳定。这是制定《条例》的间接目的和宏观目的。在经济与社会协同发展和保持稳定的大局中，劳动关系的和谐稳定是重要因素。由于发展社会主义市场经济必然导致社会经济利益关系的多元化及不同利益群体之间矛盾的复杂化，因此保持劳动关系的和谐稳定以及对各类劳动争议的有效预防和调处，就成为缓解经济社会发展中不同经济利益群体之间矛盾和社会冲突的“减震器”。伴随着社会主义市场经济的发展和企业内部分包制度改革的深化，尽管劳动关系仍然保持整体和谐稳定，但同时劳动争议特别是群体性劳动争议日益凸现、总量逐年攀升，甚至局部地区冲突加剧，这无疑会对经济与社会的协调发展和稳定产生负面影响。在市场经济条件下，劳动关系的矛盾特点之一就是，只要这种矛盾冲突没有违反法律禁止性要求、没有衍生其他影响社会秩序的不当行为，就是劳动关系双方的事情。这意味着，计划经济条件下一整套行之有效的规范劳动关系的理念、制度、手段、方法已经难以适应劳动关系发展变化的需要，特别是在劳动关系矛盾触点增多、燃点降低、涉及面广、关联性增强的情形下，如果不能及时有效地化解，任其不断积累，很可能导致劳动关系矛盾的连锁反应，小问题演变成大问题、简单问题演变成复杂问题、局部问题演变成全局问题。工资集体协商制度是规范劳动关系双方行为的重要法律手段，能够在劳动关系领域形成一种可以不断解决利益问题、妥善化解利益冲突、有效促进利益平衡的调节机制，从而使劳动关系的矛盾和冲突能够在体制框架内解决，使劳动关系既充满活力又和谐稳定。

相关规定

《条例》的立法依据，包括“法的依据”——《中华人民共和国劳动法》《中华人民共和国劳动合同法》《中华人民共和国工会法》等有关法律、行政法规和“事实依据”——本省实际。

《中华人民共和国劳动法》第三十三条：企业职工一方与企业可以就劳动报酬、工作时间、休息休假、劳动安全卫生、保险福利等事项，签订集体合同。《中华人民共和国劳动合同法》第五十一条：企业职工一方与用人单位通过平等协商，可以就劳动报酬、工作时间、休息休假、劳动安全卫生、保险福利等事项订立集体合同。《中华人民共和国工会法》第六条：工会通过平等协商和集体合同制度，协调劳动关系，维护企业职工劳动权益。

山东省据此先后制定《山东省实施〈中华人民共和国工会法〉办法》《山东省劳动合同条例》等地方性法规，都对平等协商、集体合同制度作出了规定。

与此同时，从山东省开展工资集体协商实践来看，这些年来中央和山东省先后颁布和实施了一系列有关工资集体协商制度建设的政策性文件。特别是山东省委、省政府以及省直有关部门下发了《中共山东省委、山东省人民政府关于构建和谐劳动关系的实施意见》《山东省深化集体协商工作规划（2015—2018 年）》等近 10 份文件，对工资集体协商工作作出了较为全面的部署。各地工会强化工作措施，加大工作力度，全力推进工资集体协商工作，细化协商内容，规范协商程序，建制率不断提高，协商实效进一步增强，积累了较为成熟的经验。本次立法，将政策文件的规定和被实践证明了的较为成熟的经验做法上升为地方性法规，以实现工资集体协商工作的制度化、规范化、法治化。

第二条 本省行政区域内的企业工资集体协商及其服务和管理，适用本条例。

条文主旨

本条是关于《条例》适用范围的规定。

条文解读

《条例》的适用范围是在本省区域内进行工商注册登记的企业，即《条例》对这些企业发生法律效力。根据《国家统计局、国家工商总局关于划分企业登记注册类型的规定》（国统字〔1998〕200号）的规定，以工商行政管理部门对企业登记注册类型为依据，可将企业登记注册类型分为以下几种：内资企业、港澳台商投资企业和外商投资企业。其中内资企业包括国有企业、集体企业、股份合作企业、联营企业、有限责任公司、股份有限公司、私营企业和其他企业；港澳台商投资企业包括合资经营企业（港、澳、台资）、合作经营企业（港、澳、台资）、港澳台商独资经营企业、港澳台商投资股份有限公司；外商投资企业包括中外合资经营企业、中外合作经营企业、外资企业、外商投资股份有限公司。这些企业都应当结合实际，按照《条例》的规定，依法开展工资集体协商。

县级以上人民政府、人力资源社会保障部门、地方各级总工会、乡镇

（街道）工会、产业工会、工商业联合会和企业联合会、行业协会等企业代表组织对企业工资集体协商的服务和管理，也应当按照《条例》的规定进行。

第三条 本条例所称企业工资集体协商，是指职工方与企业方依法就企业工资分配制度、工资分配形式、工资收入水平和工资支付办法等事项进行平等协商的行为。

本条例所称工资专项集体合同，是指职工方与企业方依法就前款所列事项，在协商一致的基础上订立的专项书面协议。

条文主旨

本条是关于企业工资集体协商和工资专项集体合同概念的规定。

条文解读

本条明确了企业工资集体协商的主体、协商内容以及在双方协商一致的基础上订立的专项合同。工资集体协商的主体是职工方和企业方。劳动者和用人单位是劳动关系中对立统一的双方主体，职工是以工资收入为主要生活来源的劳动者。《条例》中所称的职工，是专指企业中的职工，是与用人单位存在劳动关系（包括事实劳动关系）的各种用工形式、各种用工期限的劳动者，既包括了与用人单位签订固定期限、无固定期限和以完成一定工作任务为期限的劳动合同的劳动者，也包括与用人单位形成事实劳动关系的劳动者。试用期内的劳动者，亦属职工的范畴。与之相对应，工资集体协商的另一方协商主体即为企业方，企业在开展工资集体协商时应当明确工资集体协商与集体协商以及工资专项集体合同的关系。工资集体协商的内容是与工资有关的事项，工资是职工经济权益的核心，是职工最关心、最直接、最现实的利益问题，也是企业人工成本的主要组成部分。职工对工资收入最敏感，无论什么企业什么岗位的职工，对工资收入都极为关注。

1. 工资集体协商是签订工资专项集体合同的必经程序和重要阶段，而工资专项集体合同是工资集体协商的结果。

2. 作为集体合同的重要组成部分，工资专项集体合同与集体合同是局部与整体、单项与综合的关系。工资专项集体合同与集体合同不仅在本质上，而且在协商主体、协商方式、协商程序和协商策略技巧上大体相同，所不同的只是协商内容。

3. 工资收入是职工生活的基本来源，是企业人工成本的主要组成部分，关系到职工和企业的切身利益，影响到民生改善和经济社会发展。因此，工资集体协商是集体协商的核心。

相关规定

《中华人民共和国劳动法》第三十三条：企业职工一方与企业可以就劳动报酬、工作时间、休息休假、劳动安全卫生、保险福利等事项，签订集体合同。

《中华人民共和国劳动合同法》第五十一条：企业职工一方与用人单位通过平等协商，可以就劳动报酬、工作时间、休息休假、劳动安全卫生、保险福利等事项订立集体合同。

《山东省劳动合同条例》第三十一条：企业应当与职工一方建立集体协商制度，实行民主管理。集体协商主要采用协商会议的形式。第三十二条：集体合同由工会代表职工一方与企业订立；尚未建立工会的企业，由上级工会指导劳动者推举的代表与企业订立。

原劳动和社会保障部颁布的《工资集体协商试行办法》第三条：本办法所称工资集体协商，是指职工代表与企业代表依法就企业内部工资分配制度、工资分配形式、工资收入水平等事项进行平等协商，在协商一致的基础上签订工资协议的行为。本办法所称工资协议，是指专门就工资事项签订的专项集体合同。已订立集体合同的，工资协议作为集体合同的附件，并与集体合同具有同等效力。

原劳动和社会保障部颁布的《集体合同规定》第三条：本规定所称集体合同，是指用人单位与本单位职工根据法律、法规、规章的规定，就劳动报酬、工作时间、休息休假、劳动安全卫生、职业培训、保险福利等事项，通过集体协商签订的书面协议；所称专项集体合同，是指用人单位与本单位职工根据法律、法规、规章的规定，就集体协商的某项内容签订的专项书面协议。第四条：用人单位与本单位职工签订集体合同或专项集体合同，以及确定相关事宜，应当采取集体协商的方式。

第四条 企业应当依法开展工资集体协商。

企业工资集体协商应当遵循合法、平等、公开、诚信原则，兼顾职工和企业双方利益，保障职工实际工资水平与企业劳动生产率、经济效益以及当地经济社会发展水平相适应。

条文主旨

本条是关于企业应当依法开展工资集体协商以及开展工资集体协商应坚持的原则的规定。

条文解读

第一款有两层含义：一是《条例》明确开展工资集体协商是企业的义务。法律法规中的“应当”就是要履行的义务，这种义务是企业必须履行的，而不是选择性的；二是企业工资集体协商应当依法进行，从协商代表的产生、协商内容的确定、协商程序的操作，从集体合同的签订、审查备案到履行、变更、解除和终止，以及争议处理、法律责任等各个环节，都应当按照相关法律、法规和《条例》的规定进行。

第二款关于协商原则的规定，它是贯穿于整个协商过程的行为准则，关系到协商主体适格、内容合法、程序正当，对集体协商全过程产生重要影响。合法原则，即遵守法律、法规、规章及国家的有关规定。工资集体协商和签订工资专项集体合同能否规范运作，取决于此项制度是否能够遵守法律、法规、规章及国家的有关规定。特别是工资专项集体合同的各项条款能否最终得到落实，以及工资专项集体合同在履行中能否对劳动关系的当事人起到应有的约束力，根本上都取决于法律法规的依据和保障。实践中，合法原则要求协商主体和签约双方不仅应熟悉并掌握有关法律、法规和政策，而且应当依法开展工作，这样才能保证工资集体协商和工资专项集体合同的实体内容及程序操作规范到位，才能保证工资集体协商和工资专项集体合同切实成为调整劳动关系的有效机制，防止出现违规现象。关于平等原则，即工资集体协商应由法律保障的劳动关系双方实行平等对话、民主决策的机制，在法律上赋予了协商双方的平等主体地位。实践证明，卓有成效的工资集体协商和工资专项集体合同的订立、实施，是建立在劳动关系双方互相尊重和平等协商的原则基础之上的。所谓互相尊重，就是在要约、集体协商和集体合同订立过程中，回应、承认和公正对待对方当事人依法享有的平等地位及利益主张的权利，即双方中的任何一方都不应采取回避、拒绝或歧视的态度，甚至把自己凌驾于对方之上；所谓平等协商，就是协商双方在相关权利与义务交涉过程中，不能把自己的要求或主观意愿强加给对方，而应通过坦诚沟通和面对实际的务实方式来化解纷争，求得共识。协商双方只有坚持了平等原则，工资集体协商和工资专项集体合同的订立和履行才具有实现的可能性。公开原则，即工资集体协商是一种面向协商双方的公开的行为。按照这个原则，协商双方可以对工资集体协商进行充分、真实、准确、完整的了解，要求各方应依法及时、真实、准确、完整地向对方公开有关信息，并自觉接受对方监督。诚信原则，即协商双方应当遵循诚实信用原则，目的在于保证协商过程及合同订立与履行的真实性和有效性，防范欺诈、胁迫或不当交易行为的发生。所谓诚实守信，就是协商双方坦诚互信、恪守承诺，并能够切实担当法律责任。协商双方只有本着诚信的态度积极开展集体协商，才能够弥合分歧、取得共识，共同维护工资集体协商的法律尊严，使签订的工资专项集体合同可以通过劳动关系双方的共同努力得到切实履行。兼顾职工和企业双方利益，是指工资集体协商和订立工资专项集体合同无论是近期目标还是远期目标，在实现过程中都必须立足于兼顾劳动关系双方合法权益的原则。尤其在企业，尽管劳动关系双方的利益诉求有所不同，但是双方的利益只有建立在相互兼顾和有效结合的基点上，才能得以实现并趋向最大化，企业也才能在劳动关系和谐稳定的条件下不断做大做强。所以说，兼顾双方利益的原则，实际上是通过工资集体协商，谋求实现劳动关系双方的共赢，达到促进企业发展和维护职工权益有机统一的目的。需要明确的是，兼顾职工和企业双方利益原则，不仅应着眼于兼顾劳动关系双方的具体利益，还必须着眼于兼顾双方的总体利益。

保障职工实际工资水平与企业劳动生产率、经济效益以及当地经济社会发展水平相适应，就要准确理解和把握工资集体协商的内涵。推行工资集体协商是要“形成反映人力资源市场供求关系和企业经济效益的工资决定机制和正常调整机制”，增加职工在企业工资分配方面的话语权，也就是要充分发挥市场的作用，综合考虑企业经济效益、职工工资水平和人工成本、企业的承受能力等因素。通过工资集体协商，经济效益好的企业可以实现工资增长，生产经营特别困难的企业也可以零增长或负增长，从而使工资调整能够更加明晰，更加制度化。另外，工资集体协商不仅是一种谈判和博弈，更是双方对共同利益相关问题的商讨，是企业科学管理、民主管理的重要内容和体现。

相关规定

原劳动和社会保障部《集体合同规定》第五条：进行集体协商，签订集体合同或专项集体合同，应当遵循下列原则：（一）遵守法律、法规、规章及国家有关规定；（二）相互尊重，平等协商；（三）诚实守信，公平合作；（四）兼顾双方合法权益；（五）不得采取过激行为。

第五条 县级以上人民政府应当制定和完善相关政策，推动企业工资集体协商依法有序进行。

县级以上人民政府人力资源社会保障部门依法对企业工资集体协商进行监督管理。

地方各级总工会、乡镇（街道）工会、产业工会依法对职工方开展工资集体协商进行指导，对工资专项集体合同的履行进行监督。

工商业联合会和企业联合会、行业协会等企业代表组织，应当引导、支持、帮助或者参与企业工资集体协商。

条文主旨

本条是关于政府、人力资源社会保障部门、工会组织、工商联等企业代表组织在工资集体协商工作中的职责的规定。

条文解读

切实发挥政府部门、工会组织、工商业联合会和企业联合会等企业代表组织在工资集体协商工作方面协调立场、反映诉求、调解矛盾、沟通信息、指导服务、规范行为的积极作用，对于推动工资集体协商工作深化发展具有十分很重要的意义。只有形成“党政主导、三方共促、工会力推、各方配合、企业和职工良性互动”的工作格局，工资集体协商工作才能真正顺利开展，发挥其应有作用。因此，相关各方应积极履行职责。

党的领导和政府的支持是工会做好各项工作的保证。各级工会应及时主动向党委汇报和向政府通报工资集体协商工作情况，取得党委的重视和政府的支持，积极推进将工资集体协商工作纳入地方党委和政府制定的社会发展规划、工作方案，与党政其他重点工作一同研究、一同部署、一同考核；推动成立由党政领导任组长的工资集体协商工作领导小组；推动党政制定下发相关政策文件，推动建立政府与工会联席会议制度、大力开展联合执法检查活动等，努力构建社会化工作格局。

人力资源社会保障部门要加大对企业工资分配的调控力度，提高对工资集体协商工作的指导、服务水平。

1. 加强对职工平均工资、企业人工成本、消费价格指数等指标的研究分析，进一步落实最低工资保障制度，定期发布工资指导线、劳动力市场工资指导价位和行业人工成本等相关信息，为企业开展工资集体协商提供依据；

2. 做好工资专项集体合同审查备案工作，对于工资集体协商程序不规范、劳动报酬及劳动标准规定缺漏或不合法的工资专项集体合同，明确指出问题，责令限期改正；

3. 对工资集体协商过程中发生的争议，依法及时组织协调处理；

4. 对工资专项集体合同履行过程中的争议，按照《中华人民共和国劳动争议调解仲裁法》的有关规定予以解决。

工会组织要坚定不移地走中国特色社会主义工会发展道路，成为发展和谐劳动关系的重要社会力量，就必须把推进工资集体协商作为自身的重要职责，积极围绕工资集体协商的重点、难点开展工作，在建立科学的分配保障体系、构建和谐劳动关系的实践中彰显工会组织作为。地方各级总工会、乡镇（街道）工会、产业工会负有指导和监督职责。代表和维护广大职工合法权益是法律赋予工会的权利。工会代表职工与企业行政方进行工资集体协商，充分发挥指导作用，督促工资专项集体合同得到全面履行。要履行好这项职责，工会组织应当做好以下几个方面的工作：

1. 帮助企业完善工资集体协商制度；

2. 做好宣传发动工作；

3. 做好职工方协商代表的培训，提高协商能力；

4. 参与具体集体协商过程；

5. 代表职工利益，参与争议处理；

6. 督促双方积极履行工资专项集体合同。

工资集体协商工作的顺利开展，离不开工商业联合会和企业联合会、行业协会等企业代表组织的作用。工商业联合会和企业联合会、行业协会等企业代表组织是构建和谐劳动关系的重要主体，应当认真履行协调劳动关系职能，引导企业学法尊法守法用法，依法治企、依法经营、依法维权；引导企业增强依法用工意识，自觉关爱职工，保障职工合法权益，促进企业与职工协商共事、机制共建、效益共创、利益共享。工商业联合会和企业联合会、行业协会等企业代表组织的引导、支持、帮助或者参与的职责，为工作的开展提供很好的组织保障。

相关规定

《中华人民共和国劳动合同法》第六条：工会应当帮助、指导劳动者与用人单位依法订立和履行劳动合同，并与用人单位建立集体协商机制，维护劳动者的合法权益。第七十八条：工会依法维护劳动者的合法权益，对用人单位履行劳动合同、集体合同的情况进行监督。用人单位违反劳动法律、法规和劳动合同、集体合同的，工会有权提出意见或者要求纠正；劳动者申请仲裁、提起诉讼的，工会依法给予支持和帮助。

《中华人民共和国劳动合同法》第七十五条：县级以上地方人民政府劳动行政部门实施监督检查时，有权查阅与劳动合同、集体合同有关的材料，有权对劳动场所进行实地检查，用人单位和劳动者都应当如实提供有关情况和材料。

《中华人民共和国劳动法》第八十八条：各级工会依法维护劳动者的合法权益，对用人单位遵守劳动法律、法规的情况进行监督。

《中华人民共和国工会法》第二十一条：企业侵犯职工劳动权益的，工会可以提出意见调解处理。第二十五条：工会有权对企业、事业单位侵犯职工合法权益的问题进行调查，有关单位应当予以协助。

原劳动和社会保障部《集体合同规定》第七条：县级以上劳动保障行政部门对本行政区域内用人单位与本单位职工开展集体协商、签订、履行集体合同的情况进行监督，并负责审查集体合同或专项集体合同。

原劳动和社会保障部颁布的《工资集体协商试行办法》第六条：县级以上劳动保障行政部门依法对工资协议进行审查，对协议的履行情况进行监督检查。

《中共中央、国务院关于构建和谐劳动关系的意见》规定，"加强企业党组织和基层工会、团组织、企业代表组织建设""加强基层企业代表组织建设，支持企业代表组织参与协调劳动关系，充分发挥企业代表组织对企业经营者的团结、服务、引导、教育作用""完善三方机制职能，健全工作制度，充分发挥政府、工会和企业代表组织共同研究解决有关劳动关系重大问题的重要作用"。

《中共中央关于加强社会主义协商民主建设的意见》规定，"积极推动由工会代表职工与企业就调整和规范劳动关系等重要决策事项进行集体协商"。

第六条 县级以上人民政府人力资源社会保障部门会同工会和企业代表组织通过协调劳动关系三方机制，研究处理企业工资集体协商的重大问题。

条文主旨

本条是关于协调劳动关系三方机制职责的规定。

条文解读

建立由政府主导，工会和企业代表组织参加的协调劳动关系三方机制是市场经济国家协调劳动关系的基本制度和有效做法，也是构建和谐劳动关系的重要举措。三方机制建设对于维护劳动关系双方的利益，最大限度地保护、调动和发挥广大职工的积极性，促进劳动关系的和谐稳定具有重要意义。进一步加强三方机制建设，有利于强化政府在宏观层面协调劳动关系的力度，在工会组织和企业代表组织的共同支持和配合下，更好地履行政府对劳动关系的调节、监管、管理职能；有利于指导、帮助和督促企业建立健全工资集体协商制度等规范劳动关系的制度，依法保障职工合法权益，促进企业健康发展。三方机制实际上是一种平等对话的机制。政府、工会组织和企业组织的职能各有侧重又相互独立，不能互相替代。工资集体协商制度是协调劳动关系的重要途径，但仅仅依靠用人单位推行工资集体协商制度是不够的，还需要依靠三方机制来发挥更高层次上协调劳动关系的作用。协调劳动关系三方要把工资集体协商作为职工与企业凝聚合力、共担风险、共渡难关、共谋发展的制度保障。

相关规定

《中华人民共和国劳动合同法》第五条：县级以上人民政府劳动行政部门会同工会和企业方面代表，建立健全协调劳动关系三方机制，共同研究解决有关劳动关系的重大问题。

《中共中央、国务院关于构建和谐劳动关系的意见》规定，“加强企业党组织和基层工会、团组织、企业代表组织建设”“加强基层企业代表组织建设，支持企业代表组织参与协调劳动关系，充分发挥企业代表组织对企业经营者的团结、服务、引导、教育作用”“完善三方机制职能，健全工作制度，充分发挥政府、工会和企业代表组织共同研究解决有关劳动关系重大问题的重要作用”。

第二章 协商代表

本章要点

本章共10条，主要规定了协商代表的人数、组成、产生方式、职责、合法权益的保护以及应当履行的义务。严格按照法定程序、条件及构成比例产生协商代表，保护好协商代表的合法权益，协商代表切实履行职责，对于开展工资集体协商、签订工资专项集体合同至关重要。

第二章
协商代表

第七条 企业工资集体协商双方的代表人数应当对等，每方至少三名，具体人数由双方协商，并从中确定一名首席协商代表。

职工方协商代表中一线岗位职工的代表比例不低于三分之一。

条文主旨

本条是关于双方协商代表人数的规定和职工方协商代表中一线岗位职工的代表比例的规定。

条文解读

协商代表是指按照法定程序产生，并有权代表本方利益进行集体协商的人员。首席协商代表是指工资集体协商双方各自推选的本方对工资集体协商进程起主导作用的协商代表，除了跟其他协商代表履行同样的职责外，还承担着组织协调等工作，作用非常重要。

通常来说，工资集体协商代表的组成原则是：

1. 适合原则。根据工资集体协商内容的难易、复杂程度及工作量大小来确定协商代表人数。

2. 结构原则。协商代表人员的配备要考虑人员结构的合理配套，一般包括熟悉生产经营管理人员、熟悉劳动工资人员、精通财务人员、熟悉法律人员等。

3. 精干原则。协商代表人员要尽量少而精，避免臃肿低效。

4. 对应原则。为体现平等协商的特点，双方协商代表人数应当对等。为保证协商代表的代表性、广泛性，《条例》仅规定了每方协商代表至少3名，没有规定上限，由双方根据实际情况协商确定。

关于职工方协商代表中一线岗位职工的代表比例问题：因为一线职工来自企业最底层，并且他们所占企业职工人数比例也比较高，他们对工资待遇问题感受往往最直接、最深刻，也最有发言权。因此，要优化职工方协商代表的结构，在职工方协商代表中应当有一定比例的一线岗位职工。

相关规定

《山东省劳动合同条例》第三十四条：集体协商双方的代表人数应当对等，各方至少三人，并各确定一名首席代表。

原劳动和社会保障部颁布的《集体合同规定》第十九条：本规定所称集体协商代表（以下统称协商代表），是指按照法定程序产生并有权代表本方利益进行集体协商的人员。集体协商双方的代表人数应当对等，每方至少3人，并各确定1名首席代表。

第八条 职工方首席协商代表由企业工会主席担任；工会主席因故不能履行首席协商代表职责的，由主持工会工作的副主席或者委员担任。职工方其他协商代表由企业工会提名，并提交职工代表大会或者全体职工讨论，经全体职工代表或者全体职工过半数通过。

尚未建立工会的企业，职工方协商代表由上级工会指导职工民主推荐，并经全体职工过半数同意，其首席协商代表从职工方协商代表中民主推举产生。

条文主旨

本条是关于职工方协商代表产生方式的规定。

条文解读

本条根据山东省企业建立工会的情况分别对职工方协商代表产生方式作出规定。协商代表的产生是整个工资集体协商程序的重要环节之一，协商代表的产生既要有合法性，也要体现民主性。职工方协商代表应当代表广大职工意愿，真实反映广大职工诉求，积极履行协商职责。因此，应当健全完善职工民主选举职工方协商代表的工作机制，确保选出来的职工方协商代表敢于为职工说话。

第一款是针对企业已经设立工会的情形，对职工方协商代表产生方式进行规定。按照《中华人民共和国工会法》规定，工会作为法定的职工利益的代表组织，工会主席通过选举方式产生，在职工当中有较高威信，应当自觉担负起职工方首席协商代表的职责。因此，直接将工会主席设定为职工方首席协商代表。如果工会主席因故不能履行首席协商代表职责的，从副主席到工会委员会委员依次递补。这也是体现工会立场、展现工会作为的重要方式。其他职工方协商代表应当按照《条例》规定的程序产生，以保证其合法性。这也是《山东省企业职工代表大会条例》第二十条（国有、国有控股企业职工代表大会）和第二十二条（除国有、国有控股企业和城镇集体企业以外的其他企业职工代表大会）规定的职工代表大会的职权。

第二款是对尚未建立工会的企业职工方协商代表的产生作出的规定——由上级工会指导职工推荐协商代表。也就是说，职工方协商代表的推荐需要接受上级工会的指导，不能随便某一群体的职工就推荐出几个协商代表要求与企业方订立集体合同。这样规定是为了保证职工方协商代表的普遍性和权威性。

工资集体协商的内容与企业发展和职工切身利益密切相关，协商代表的素质直接决定工资集体协商的质量，对于职工方协商代表来说更是如此。所以，职工一方应认真选派好协商代表，使他们能够胜任这一工作。担任职工方协商代表的人员要具备以下条件：

1. 具有一定的理论政策水平和相关业务知识。应熟悉相关法律、法规和政策，懂得企业经营管理基本知识，了解本企业生产经营情况，这样才能保证在协商和签订工资专项集体合同过程中，掌握尺度，依法办事。在外商投资企业，参与协商的职工方协商代表还有必要对外国的历史传统、文化背景、风俗习惯以及该国集体谈判的基本情况有所了解，以利于有的放矢地与外方经营者沟通和协商。

2. 具有肯为职工利益和工会事业奉献的敬业精神。热爱工会事业，密切联系职工群众，了解职工群众的愿望和要求，在职工中有较高的威信和亲和力。在关键时刻能挺身而出，依法争取和维护职工的合法权益。

3. 具备一定的协商谈判能力和水平。精明干练，头脑冷静，自信而沉着，观察力敏锐，思维逻辑清晰，表达能力强。善于与协商对手沟通和交流。在协商的不同环节，善于运用不同的策略和方法，既坚持原则性，又具有灵活性。

鉴于职工方首席协商代表在协商过程中的重要地位和作用，职工方首席协商代表应当具备如下能力素质：

1. 较强的理论政策水平。职工方首席协商代表不仅应当熟练掌握相关法律法规和政策规定，还应熟悉了解企业经营管理知识和生产经营状况，具体的计划指标、劳动生产率和人均收入水平等；了解国家和地方有关物价指数、最低工资标准、劳动力市场价位等信息；了解地区和行业的职工平均工资、工资增长水平及其他劳动标准、劳动条件的情况等。只有这样，才能在协商过程中做到有进有退、游刃有余。

2. 高度的敬业奉献精神。职工方首席协商代表应当具有高度的为职工利益和工会事业奉献的敬业精神，既热爱工会工作，能够做到密切联系职工群众，充分全面了解职工群众的愿望和要求；又为人公道正派，在职工群众中有较高的威信和亲和力，受到职工群众的普遍信赖认可。

3. 出色的组织协调能力。职工方首席协商代表既是协商代表中的一员，也是协商代表的组织者和协调者，应当既能够协调职工方协商代表之间的分歧，形成整体的协商合力；又能够有效组织引导职工方协商代表发挥各自优势，在协商过程中为职工利益据理力争，从而实现协商顺利进行直至完成预期目标。

4. 丰富的协商谈判经验。开展工资集体协商是一项政策性、业务性很强的工作，协商的成效关系职工群众的权益的实现程度，与职工方协商代表的努力程度有着很大关系。作为职工方协商代表的主导者，首席协商代表责任重大，必须精明干练、冷静从容、思路清晰，在协商的各个环节，既能坚持原则积极争取，又能审时度势妥协让步。

相关规定

《山东省劳动合同条例》第三十四条：集体协商代表应当依照法定程序产生，代表本方利益进行集体协商。

原劳动和社会保障部颁布的《工资集体协商试行办法》第十条：协商双方各确定一名首席代表。职工方首席代表应当由工会主席担任，工会主席可以书面委托其他人员作为自己的代理人；未成立工会的，由职工集体协商代表推举。企业方首席代表应当由法定代表人担任，法定代表人可以书面委托其他管理人员作为自己的代理人。

原劳动和社会保障部颁布的《集体合同规定》第二十条：职工一方的协商代表由本单位工会选派。未建立工会的，由本单位职工民主推荐，并经本单位半数以上职工同意。职工一方的首席代表由本单位工会主席担任。工会主席可以书面委托其他协商代表代理首席代表。工会主席空缺的，首席代表由工会主要负责人担任。未建立工会的，职工一方的首席代表从协商代表中民主推举产生。

第九条　企业方首席协商代表由企业法定代表人或者其书面委托的其他管理人员担任，其他协商代表由首席协商代表书面指定。

条文主旨

本条是关于企业方协商代表的规定。

条文解读

法定代表人是指依法律或法人章程规定代表法人行使职权的负责人。

我国法律实行单一法定代表人制，一般认为法人的正职行政负责人为其唯一法定代表人，如公司法定代表人为董事长或执行董事或经理。企业方首席协商代表可以由法定代表人担任，也可以由其书面委托的其他管理人员担任，主要是考虑到企业法定代表人可能会因为企业生产经营等种种原因，没有足够精力和时间履行首席协商代表职责。为了保证协商代表相对固定，体现协商的严肃性，其他协商代表由首席协商代表以书面形式指定。

相关规定

原劳动和社会保障部颁布的《工资集体协商试行办法》第十条：协商双方各确定一名首席代表。职工首席代表应当由工会主席担任，工会主席可以书面委托其他人员作为自己的代理人；未成立工会的，由职工集体协商代表推举。企业首席代表应当由法定代表人担任，法定代表人可以书面委托其他管理人员作为自己的代理人。

原劳动和社会保障部颁布的《集体合同规定》第二十一条：用人单位一方的协商代表，由用人单位法定代表人指派，首席代表由单位法定代表人担任或由其书面委托的其他管理人员担任。

第十条　双方协商代表不得相互兼任。

工会工作人员不得担任企业方协商代表；企业负责人、出资人及其近亲属不得担任职工方协商代表。

条文主旨

本条是关于双方协商代表不得相互兼任的规定。

条文解读

工资集体协商最直接表现为职工方和企业方就工资事项进行商讨，双方都有各自的立场。《中华人民共和国劳动法》规定：工会代表和维护劳动者的合法权益，依法独立自主地开展活动。《中华人民共和国工会法》的核心是突出和强化工会维护职工合法权益的基本职责，明确“中华全国总工会及其各工会组织代表职工的利益，依法维护职工合法权益”“维护职工合法权益是工会的基本职责”。《中国工会章程》总则中明确规定：中国工会的基本职责是维护职工合法权益。这为工会履行维护职工合法权益的基本职责提供了有力的法律依据和保障。企业工会作为企业职工群众自己的组织，代表和维护企业工会会员和职工合法权益是其最基本职能。《企业工会工作条例》也规定企业工会是“企业工会会员和职工合法权益代表者和维护者”。工会工作人员应当做好维护职工权益工作，不得担任企业方协商代表。企业负责人、出资人及其近亲属代表的是企业方的利益，不应作为职工方协商代表。因此，双方协商代表的身份不能混淆，不能互相兼任。

相关规定

《山东省劳动合同条例》第三十四条：集体协商代表应当依照法定程序产生，代表本方利益进行集体协商。

原劳动和社会保障部颁布的《集体合同规定》第二十四条：用人单位协商代表与职工协商代表不得相互兼任。

第十一条 协商代表确定后，应当于五日内在本企业公布。

协商代表的任期自确定之日起至工资专项集体合同履行期满之日止。

条文主旨

本条是关于协商代表公布和任期的规定。

条文解读

公布协商代表是法定的必经程序。

1. 便于职工方和企业方监督协商代表，督促其积极履行职责。

2. 公布协商代表身份后，代表以协商代表身份开展工作，便于组织协调，深入职工开展调查研究。

3. 便于协商双方向本方协商代表反映诉求、提出建议。

工资专项集体合同是有固定期限的，协商代表的任期也是有固定期限的。协商代表任期的起始时间应当为被确定为协商代表之日，终止时间应当与工资专项集体合同履行期满之日一致，履行期满，协商代表任期自行终止。

第十二条 双方首席协商代表可以书面委托本企业以外的律师、基层法律服务工作者等专业人员作为本方协商顾问。

经双方协商同意，可以引进第三方专业咨询机构参与企业工资集体协商。

条文主旨

本条是关于委托和引进外部专业人员和机构参与协商的规定。

条文解读

实践中，委托和引进外部专业人员和机构参与集体协商是一项创新性举措。威海联桥集团积极探索引入第三方专业咨询机构参与工资集体协商，采取“聘请专业机构测评、广泛进行民主协商、员工自报公议薪酬、公司逐级审议确定”的办法，充分发挥第三方机构的专业优势提升工资集体协商的质量和实效，作用十分明显。外部专业人员和机构参与工资集体协商具有多方面的优势：

1. 在能力素质上具有优势。专业人员和机构熟悉国家和地方的劳动法律法规和政策，具有依法依规协调劳动关系的能力和水平；熟悉企业情况，具有参与企业管理方面的知识和工作经历；熟悉工会工作，具有一定的协商知识和实践经验；有较强的组织协调能力、综合辨析能力和语言表达能力，能够在协商中为工会和职工提供强有力的智力支持，更好地解决“不敢谈”“不会谈”“不善谈”等问题，提高工资集体协商能力和水平。

2. 在整合职工诉求上具有优势。在企业中，不同职工的利益诉求差异性较大，外部专业人员和机构能够将职工的不同诉求集中和统一起来，指导帮助工会和职工与企业方进行有重点和有针对性的协商，使大多数职工的愿望得到满足，从而避免劳动关系矛盾激化，进一步促进劳动关系的和谐稳定。

3. 在促进理性协商上具有优势。外部专业人员和机构与企业和职工不存在直接利益关系，可以更加理智地分析和考虑企业实际情况，既能满足职工愿望，又顾及企业发展和职工长远利益，从而保证协商议题、协商过程和协商结果更趋于理性、公正和合理，促进企业和职工利益共享。

外部专业人员和机构与职工协商代表有不同之处。

1. 产生方式不同。职工协商代表由民主程序产生，外部专业人员由双方首席协商代表书面委托，协商双方协商同意即可引进专业机构参与协商。

2. 主要职责不同。职工协商代表的主要职责是参加集体协商，收集、研究与协商有关的情况和资料，监督工资专项集体合同的履行等。外部专业人员和机构主要职责是指导、帮助基层工会代表职工与企业方进行集体协商，比如承担政策咨询、法律援助、培训代表等职责。

3. 具备优势不同。职工协商代表作为企业职工，对企业实际情况和职工诉求比较熟悉。外部专业人员和机构则在能力素质、专业背景、实践经验等方面比职工协商代表具有更大优势。

4. 与企业方关系不同。职工协商代表受雇于企业，与企业存在劳动关系，在工资集体协商中可能会有所顾虑，从而影响协商效果。外部专业人员和机构与企业没有劳动关系和直接利益关系，没有后顾之忧，可以全力投入集体协商，为职工争取权益。

相关规定

原劳动和社会保障部颁布的《集体合同规定》第二十三条：集体协商双方首席代表可以书面委托本单位以外的专业人员作为本方协商代表。委托人数不得超过本方代表的1/3。

原劳动和社会保障部颁布的《工资集体协商试行办法》第十二条：协商双方可书面委托本企业以外的专业人士作为本方协商代表。委托人数不得超过本方代表的1/3。

第十三条 协商代表应当履行下列职责：

（一）收集、研究与协商有关的情况和资料；

（二）拟定协商议题，如实向对方提供与协商有关的情况和资料；

（三）参加协商，真实反映本方意愿，提出协商意见；

（四）及时向本方通报协商情况并征求意见，接受询问；

（五）代表本方参加工资集体协商争议的解决；

（六）监督工资专项集体合同的履行；

（七）法律、法规规定的其他职责。

首席协商代表除履行前款规定的职责外，还负责工资集体协商的组织协调工作。

条文主旨

本条是关于协商代表职责的规定。

条文解读

协商代表作用发挥得怎么样，对协商的顺利开展和职工权益的维护有着直接影响。

《条例》第二十三条规定：“职工方和企业方应当在协商开始十日前向对方提供与协商有关的情况和资料”“企业方应当提供上一年度营业收入、上缴税收、净利润、职工工资总额和职工平均工资、社会保险费用缴纳等情况和资料。”这些都是企业内部的情况和资料。工资集体协商中，劳动关系双方处于信息严重不对称状态，如果不规定企业方“强制性信息披露义务”，那么工资集体协商根本就无法进行下去，就会成为企业方的“独角戏”，使工资集体协商失去应有的价值。因此，国内外法律均规定，在工资集体协商中，企业方有“强制性信息披露义务”。而且，协商双方在协商前必须收集、研究与协商有关的情况和资料，做好协商前的准备工作，增强协商的针对性和实效性。

职工方拟定协商议题时，要抓好三个环节：

1. 调查研究的环节。协商代表要深入基层通过召开座谈会、开展问卷调查或直接听取意见等方式，广泛征求职工的意见和建议，掌握职工最关心、最直接、最现实的利益问题，使协商议题在形成时就充分体现多数职工的意愿。

2. 议题筛选的环节。协商代表不可能将职工所提出的意见和要求都提交协商会议，要有所选择，将职工的意见归纳整理，结合现行政策和企业情况进行分析研究，提出协商议题。

3. 情况沟通的环节。协商代表应就议题征求企业职能部门的意见，对议题做进一步的修改、完善或调整。再由协商代表与企业方进行沟通，协调双方的立场和意见，尽可能将职工的要求同企业方的意见统一起来，使议题更加切合实际。

参加工资集体协商，代表本方人员提出工资集体协商议题和要求，这是协商代表的首要职责。协商代表要广泛征求本方人员对协商事项的意见，及时向本方人员公布协商情况，并自觉接受本方人员的询问和监督，代表本方参加争议解决，这是协商代表更好地代表本方人员意愿和要求所必需的。

监督工资专项集体合同的履行，主要是监督检查工资专项集体合同的落实情况、存在问题和整改措施落实情况；工资专项集体合同的变更、解除、终止、争议处理情况；企业、工会和职工在工资专项集体合同履行中行使权利和承担义务的情况，违约责任的追究等。

相关规定

《山东省劳动合同条例》第三十五条：集体协商双方均有义务向对方提供与集体合同内容有关的情况和资料；涉及国家秘密或者企业商业秘密的，双方代表均负有保密义务。第四十五条：双方首席代表应当定期向职工代表大会或者职工大会报告集体合同的履行情况，接受监督。

原劳动和社会保障部颁布的《集体合同规定》第二十五条：协商代表应履行下列职责：（一）参加集体协商；（二）接受本方人员质询，及时向本方人员公布协商情况并征求意见；（三）提供与集体协商有关的情况和资料；（四）代表本方参加集体协商争议的处理；（五）监督集体合同或专项集体合同的履行；（六）法律、法规和规章规定的其他职责。

原劳动和社会保障部颁布的《工资集体协商试行办法》第十六条：协商代表应了解和掌握工资分配的有关情况，广泛征求各方面的意见，接受本方人员对工资集体协商有关问题的质询。

第十四条 企业工资集体协商一方需要更换协商代表或者协商代表缺额的，应当依照本条例规定的程序及时产生新的协商代表，并书面通知对方。

条文主旨

本条是关于协商代表更换或缺额的规定。

条文解读

在协商过程中，如果出现一方协商代表因能力素质、身体健康等原因不适合继续担任协商代表时，就会遇到更换协商代表或者出现协商代表缺额的情形，要按照第八条和第九条规定的协商代表产生程序增补新的协商代表。

相关规定

原劳动和社会保障部颁布的《集体合同规定》第三十条：工会可以更换职工一方协商代表；未建立工会的，经本单位半数以上职工同意可以更换职工一方协商代表。用人单位法定代表人可以更换用人单位一方协商代表。第三十一条：协商代表因更换、辞任或遇有不可抗力等情形造成空缺的，应在空缺之日起 15 日内按照本规定产生新的代表。

第十五条 企业应当为协商代表提供参加工资集体协商所必需的工作条件。协商代表参加工资集体协商以及有关的会议、培训等视为提供正常劳动，其工资、福利待遇不变。企业不得因协商代表依照本条例履行职责与其解除劳动合同。

协商代表履行职责期间劳动合同期满的，劳动合同期限自动延长至任期期满；协商代表不同意自动延长劳动合同期限的，劳动合同终止，其协商代表资格相应终止。

条文主旨

本条是关于协商代表保护的规定。

条文解读

协商代表按照法律程序产生，依法履行职责。因此，协商代表依法进行的一切与协商有关的活动都受法律保护。企业应在制度安排等方面为协商代表履行职责提供保障。法律法规应当对协商代表，尤其是职工方协商代表给予适当保护，这也是对广大职工利益的保护。协商代表享有的受保护权利主要有工作待遇调整保护权、劳动合同解除保护权、劳动合同终止保护权。协商代表因参加会议和培训等与工资集体协商相关的活动而占用工作时间的，有权按照正常出勤享受应得的待遇，企业不得以任何借口克扣其工资、福利待遇，更不能因此与其解除劳动合同。为了保证协商代表履行职责和集体协商的连续性，对于劳动合同期满，而正处于职责履行期间的协商代表，享有劳动合同自动延期的权利，本人不同意延期的除外。

相关规定

《中华人民共和国工会法》第四十条：基层工会委员会召开会议或者组织职工活动，应当在生产或者工作时间以外进行，需要占用生产或者工作时间的，应当事先征得企业、事业单位的同意。基层工会的非专职委员占用生产或者工作时间参加会议或者从事工会工作，每月不超过三日，其工资照发，其他待遇不受影响。

《山东省劳动合同条例》第三十六条：企业应当保障集体协商代表履行职责所必需的工作时间和工作条件。集体协商代表参加集体协商视为提供正常劳动。第三十七条：企业不得因职工一方集体协商代表履行其职责而调整其工作岗位、免除其职务、降低其职级或者工资福利待遇、解除其劳动合同。集体协商代表履行职责期间劳动合同期满的，劳动合同期限自动延长至完成履行协商代表职责之时；集体协商代表不同意自动延长劳动合同期限的，劳动合同终止。

原劳动和社会保障部颁布的《集体合同规定》第二十七条：企业内

部的协商代表参加集体协商视为提供了正常劳动。

原劳动和社会保障部颁布的《工资集体协商试行办法》第十四条：由企业内部产生的协商代表参加工资集体协商的活动应视为提供正常劳动，享受的工资、奖金、津贴、补贴、保险福利待遇不变。其中，职工协商代表的合法权益受法律保护。企业不得对职工协商代表采取歧视性行为，不得违法解除或变更其劳动合同。

第十六条 协商代表应当共同维护企业的正常生产、工作秩序，保守在工资集体协商过程中知悉的商业秘密，不得采取不正当手段干扰工资集体协商，不得有威胁、收买、欺骗、打击报复行为。

条文主旨

本条是关于协商代表的义务的规定。

条文解读

权利和义务是对等的，享受权利，也必须履行义务，协商代表必须在法律法规规定的范围内进行活动。协商代表要把行使权利和履行义务统一起来，正确而有效地发挥协商代表的作用，保证工资集体协商工作的顺利进行。

《条例》第二十三条第一款规定："职工方和企业方应当在协商开始十日前向对方提供与协商有关的情况和资料。"在企业方提供的情况和资料中，很可能会含有商业秘密，需要协商代表予以保密。所谓商业秘密，是指不为公众所知悉、能为权利人带来经济利益，具有实用性并经权利人采取保密措施的技术信息和经营信息，包括设计资料、程序、产品配方、制作工艺、制作方法、管理诀窍、客户名单、货源情报、产销策略等。其中，不为公众知悉，是指该信息不能从公开渠道直接获取；能为权利人带来经济利益，具有实用性，是指该信息具有可确定的应用性，能为权利人带来现实的或者潜在的经济利益或者竞争优势。商业秘密是企业的财产权利，它关乎企业的竞争力，对企业的发展至关重要，有的甚至直接影响到企业的生存。因此，为了维护企业正常的生产经营秩序和利益，协商代表有义务保守在工资集体协商过程中知悉的企业商业秘密。

在进行工资集体协商过程中，当事人双方在法律地位上是平等的，不存在任何隶属关系，也不存在任何特权。在协商过程中应当相互尊重，充分发表各自的意见和主张，任何一方都不能把自己的意见和主张强加于对方，更不得以威胁、命令的手段强迫对方。

相关规定

《山东省劳动合同条例》第三十五条：集体协商双方均有义务向对方提供与集体合同内容有关的情况和资料；涉及国家秘密或者企业商业秘密的，双方代表均负有保密义务。

原劳动和社会保障部颁布的《集体合同规定》第二十六条：协商代表应当维护本单位正常的生产、工作秩序，不得采取威胁、收买、欺骗等行为。协商代表应当保守在集体协商过程中知悉的用人单位的商业秘密。

原劳动和社会保障部颁布的《工资集体协商试行办法》第十五条：协商代表应遵守双方确定的协商规则，履行代表职责，并负有保守企业商业秘密的责任。

第三章 协商内容

本章要点

本章共4条，主要规定了协商的主要内容、协商需要参考的因素等，对确定的劳动定额进行了约定，有利于统一标准，防止政出多门。

第二章
协商内容

第十七条　企业工资集体协商主要包括下列内容：

（一）工资分配制度、工资标准、工资分配形式和工资支付办法；

（二）职工年度平均工资水平及其调整幅度和调整办法；

（三）本企业最低工资标准；

（四）奖金、津贴、补贴等分配办法；

（五）计时工资、计件单价和劳动定额标准；

（六）试用期，病事假，女职工孕期、产期、哺乳期，以及各种带薪假期间的工资福利待遇；

（七）工资专项集体合同期限和变更、解除、终止条件；

（八）违约责任；

（九）双方认为应当协商的其他事项。

职工方和企业方可以就前款规定的全部或者部分内容进行协商，法律、法规另有规定的除外。

工资专项集体合同期限一般为一年，最长不超过三年。

条文主旨

本条是关于协商内容和集体合同期限的规定。

条文解读

职工方和企业方应当根据企业实际情况和生产经营特点，按照职工的要求和愿望，从职工需要解决的实际问题出发，合理确定协商的内容并约定工资专项集体合同的期限。但在各地推进工资集体协商的工作实践中，普遍存在双方特别是职工方“不会谈、不善谈”的问题，相当部分的工资集体协商内容流于形式，针对性、实效性不强，可执行性差，不能很好地满足双方的需求，导致对工资集体协商不认可、不重视。企业的经济效益随着宏观经济和市场的变化而变化，协商双方应当根据企业经营状况和利润变化情况及时就工资等有关事项进行协商。但现实工作中，有的企业仅仅满足于建立工资集体协商制度，完成上级任务，回避风险，便故意使协商内容原则化，导致工资专项集体合同一旦签订，即可适用多年，失去了其应有作用。因此，本条详细列举出工资集体协商的协商内容，解决协商内容不具体的问题，规定了工资专项集体合同适用期限，保证工资集体协商的针对性和实效性。

1. 工资分配制度、工资标准、工资分配形式和工资支付办法。

工资分配制度，从广义上来说是指以按劳分配为主体、多种分配方式并存的制度，体现效率优先、兼顾公平的原则；从狭义上来说则是专指企业制定的支付劳动者基本劳动报酬的形式、标准和办法等制度，主要有等级工资制度、岗位技能工资制度、结构工资制度、岗位薪点工资制度、绩效工资制度和提成工资制度等。

工资标准，是工资等级制度的组成部分之一，表明各等级职工的标准工资水平，由企业参考国家有关最低工资的标准，考虑市场对该岗位人才的需求，结合职工的工龄、职称、业务水平、工作岗位等来确定。

工资分配形式，也叫工资形式，是工资制度的重要内容之一，它是指对职工实际付出量和相应劳动报酬所得量进行具体的计算与支付的方法。从对劳动量的计量方法上，可划分为计时工资和计件工资两种基本形式。计时工资是最基本的工资形式之一，可分为小时工资制、日工资制、月工资制和年薪制等具体形式，我国主要实行的是月工资制；计件工资主要有直接无限计件工资、有限计件工资、超额计件工资、累进计件工资、间接计件工资、个人计件工资、集体计件工资和包工工资等具体形式。

工资支付办法，主要包括工资支付项目、支付形式、支付对象、支付时间、支付要求以及特殊情况下的工资支付等内容。

2. 职工年度平均工资水平及其调整幅度和调整办法。

职工年度平均工资计算公式为：职工年度平均工资 = 年度实际支付的全部职工工资总额/年度全部职工平均人数。其中工资总额是指企业在本年度直接支付给本单位全部职工的劳动报酬总额，包括计时工资、计件工资、奖金、津贴和补贴、加班加点工资、特殊情况下支付的工资等。

工资水平的确定和定期调整，是企业工资集体协商一项极为重要的内容，也是职工群众非常关心的重要问题，开展工资集体协商应当把工资水平及其调整幅度作为重点内容。

3. 本企业最低工资标准。

最低工资标准是指劳动者在法定工作时间或依法签订的劳动合同约定的工作时间内提供了正常劳动的前提下，用人单位依法应支付的最低劳动报酬。其中正常劳动是指劳动者按照依法签订的劳动合同约定，在法定工作时间或劳动合同约定的工作时间内从事的劳动。劳动者依法享受带薪年休假、探亲假、婚丧假、生育假、节育手术假等国家规定的假期间，以及法定工作时间内依法参加社会活动期间，视为提供了正常劳动。建立最低工资制度，最主要的目的是保护职工获得必要劳动报酬的权利。企业制定的本企业最低工资标准不得低于当地政府发布的最低工资标准。

4. 奖金、津贴、补贴等分配办法。

奖金、津贴、补贴是职工劳动收入的组成部分，关系职工的切身利益。奖金是一种以货币形式支付的物质奖励形式，是对在劳动中有突出贡献的职工给予的劳动报酬，是一种工资辅助形式。津贴是指为了补偿职工在特殊的劳动条件和工作环境下的额外劳动消耗和生活费额外支出而设立的一种辅助工资形式。补贴是指为保证职工工资水平不受物价上涨或变动影响而支付的各种补助性工资，如副食品价格补贴（含肉类等价格补贴）、粮价补贴、煤价补贴、住房补贴、水电补贴等。津贴和补贴均属于工资的范畴。习惯上一般把属于工作（生产）性质的叫津贴，属于生活性质的叫补贴。津贴、补贴主要以货币形式支付，特殊行业也可以部分发放实物。

5. 计时工资、计件单价和劳动定额标准。

计时工资是指按照职工的技术熟练程度、劳动繁重程度和工作时间长短支付报酬的一种工资形式。

计件工资是指按照劳动者完成的合格产品的数量（或作业量）和预告规定的计件单价来核算和支付报酬的一种工资形式。其中计件单价是指完成产品（或工作）的单位产量的工资支付标准。

劳动定额是指在一定的生产技术、组织条件下，采用科学的方法和计量形式，测算企业职工生产单位产品的劳动时间，并对生产或工作进程中劳动消耗量所规定的限额。劳动定额是确定计件单价、计发计件工资的主要依据。

6. 试用期，病事假，女职工孕期、产期、哺乳期以及各种带薪假期间的工资福利待遇。

《中华人民共和国劳动合同法》第二十条规定："劳动者在试用期的工资不得低于本单位相同岗位最低档工资或者劳动合同约定工资的百分之八十，并不得低于用人单位所在地的最低工资标准。"国务院《女职工劳动保护特别规定》第五条规定："用人单位不得因女职工怀孕、生育、哺乳降低其工资……"原劳动部下发的《关于贯彻执行〈中华人民共和国劳动法〉若干问题的意见》（劳部发〔1995〕309 号）第五十九条规定："职工患病或非因工负伤治疗期间，在规定的医疗期间内由企业按有关规定支付其病假工资或疾病救济费，病假工资或疾病救济费可以低于当地最低工资标准支付，但不能低于最低工资标准的 80%。"企业与职工可以在不违反国家和本省有关法律法规的前提下，通过工资集体协商进一步明确职工在试用期、病事假、各种带薪假期间以及女职工在孕期、产期、哺乳期的工资待遇。

7. 工资专项集体合同期限以及变更、解除、终止的条件。

工资专项集体合同期限，是指合同有效的时间区间。

工资专项集体合同的变更，是指在工资专项集体合同没有履行或没有完全履行之前，因订立专项集体合同所依据的主客观情况发生变化，原合同内容已不适应变化了的情况，或双方当事人在专项集体合同中约定的变更条件出现时，双方当事人对原合同中某些条款进行的补充和修改。

工资专项集体合同的解除，是指在专项集体合同终止之前，专项集体合同一方或者双方当事人使专项集体合同效力消失，不再履行的法律行为。

工资专项集体合同的终止，是指合同期满、合同的目的已经实现、法定终止条件或双方约定的终止条件出现等而使合同法律效力消失。

8. 违约责任。

违约责任是指合同当事人一方不履行合同义务或履行合同义务不符合合同约定所应承担的民事责任。

9. 双方认为应当协商的其他事项。

本条规定的应当进行协商的内容前八项并未穷尽工资集体协商的全部事项，除此之外，企业与职工还可以就双方认为应当协商的其他有关内容开展协商。

因为工资受企业内外部环境影响很大，所以工资专项集体合同的期限一般为1年，企业一般每年进行一次工资集体协商；对于工资结构比较合理，调整机制比较完善的企业，工资专项集体合同的期限最长也不得超过3年。

相关规定

原劳动和社会保障部颁布的《集体合同规定》第八条：集体协商双方可以就下列多项或某项内容进行集体协商，签订集体合同或专项集体合同：（一）劳动报酬；（二）工作时间；（三）休息休假；（四）劳动安全与卫生；（五）补充保险和福利；（六）女职工和未成年工特殊保护；（七）职业技能培训；（八）劳动合同管理；（九）奖惩；（十）裁员；（十一）集体合同期限；（十二）变更、解除集体合同的程序；（十三）履行集体合同发生争议时的协商处理办法；（十四）违反集体合同的责任；（十五）双方认为应当协商的其他内容。

原劳动和社会保障部颁布的《工资集体协商试行办法》第七条：工

资集体协商一般包括以下内容：（一）工资协议的期限；（二）工资分配制度、工资标准和工资分配形式；（三）职工年度平均工资水平及其调整幅度；（四）奖金、津贴、补贴等分配办法；（五）工资支付办法；（六）变更、解除工资协议的程序；（七）工资协议的终止条件；（八）工资协议的违约责任；（九）双方认为应当协商约定的其他事项。

第十八条 企业工资集体协商应当以下列因素作为协商依据：

（一）地区、行业、企业的人工成本水平；

（二）地区、行业的职工平均工资水平；

（三）政府发布的人力资源市场工资指导价位、工资指导线、最低工资标准；

（四）本地区城镇居民消费价格指数；

（五）企业劳动生产率和经济效益；

（六）企业资产保值增值状况；

（七）上一年度企业职工工资总额和职工平均工资水平；

（八）当地人力资源供求状况；

（九）与工资集体协商有关的其他因素。

条文主旨

本条是关于协商依据的规定。

条文解读

影响工资确定的因素有很多，归纳起来可以分为企业内部因素和企业外部因素。企业内部因素主要包括企业劳动生产率和经济效益、企业资产保值增值状况、上一年度企业职工工资总额和职工平均工资水平等；企业外部因素主要包括地区、行业、企业的人工成本水平，地区、行业的职工平均工资水平，政府发布的人力资源市场工资指导价位、工资指导线、最低工资标准，本地区城镇居民消费价格指数，当地人力资源供求状况等，这些因素都会对工资确定产生重要影响。

1. 地区、行业、企业的人工成本水平。人工成本是指在一定时期内企业生产经营和提供劳务活动中因使用劳动力所发生的各项直接和间接人工费用的总和，主要包括：职工的劳动报酬、社会保险费用、职工福利费用、职工教育经费、劳动保护费用、职工住房费用、工会经费和其他人工成本支出。收集、了解地区、行业和企业的人工成本信息，有利于协商双方合理确定企业工资水平，使工人成本和企业经济效益保持协调的比例关系，促进经济效益的提高，保持工人成本的适度增长。

2. 地区、行业的职工平均工资水平。企业在确定工资标准之前，一般要进行本地区和本行业的工资水平调查。一般情况下，如果企业的工资水平低于本地区、行业的职工平均工资水平，提高工资水平的空间就比较大；如果企业的工资水平高于本地区、行业的职工平均工资水平，再提高工资水平就比较困难。这些因素决定了在开展工资集体协商时，协商双方尤其是职工方要具体把握，做到胸有成竹，使提出的要求能够科学合理，保障协商的顺利开展。

3. 政府发布的人力资源市场工资指导价位、工资指导线、最低工资标准。政府发布的人力资源市场工资指导价位，是指人力资源社会保障部门按照国家统一规范和制度要求，定期对各类企业中的不同职业（工种）的工资水平进行调查、汇总、分析形成各类职业（工种）的工资价位，向社会发布，用以指导企业合理确定职工工资水平，调节人力资源市场价格的一种制度。人力资源市场工资指导价位可以为工资集体协商确定不同岗位、工种的工资水平提供重要参考依据。

企业工资指导线是指政府根据当年经济发展调控目标，向企业发布的年度工资增长水平的建议，由基准线、上线（又称为预警线）和下线构成。基准线是指企业货币平均工资平均增长幅度，代表一般的水平；上线是指企业货币平均工资增长允许达到的最高幅度；下线是指企业货币平均工资增长应达到的最低幅度，可以是零增长，也可以是负增长。工资指导线虽并不具有强制约束力，但可作为企业与职工开展工资集体协商合理确定工资增长水平的参考依据。

最低工资标准是指劳动者在法定工作时间或依法签订的劳动合同约定的工作时间内提供了正常劳动的前提下，用人单位依法应支付的最低劳动报酬。其中正常劳动是指劳动者按照依法签订的劳动合同约定，在法定工作时间或劳动合同约定的工作时间内从事的劳动。劳动者依法享受带薪年休假、探亲假、婚丧假、生育假、节育手术假等国家规定的假期间，以及法定工作时间内依法参加社会活动期间，视为提供了正常劳动。建立最低工资制度，最主要的目的是保护职工获得必要劳动报酬的权利。最低工资标准是一条红线，企业支付职工的工资不得低于当地最低工资标准。

4. 本地区城镇居民消费价格指数。城镇居民消费价格指数是反映城市居民家庭所购买的生活消费品价格和服务项目价格变动趋势和程度的相对数。通过城镇居民消费价格指数可以观察和分析消费品的零售价格和服务项目价格变动对职工货币工资的影响，作为了解职工生活和确定工资水平的依据。城镇居民消费价格指数的提高意味着职工实际工资的减少，城镇居民消费价格指数的下降意味着职工实际工资的提高。

5. 企业劳动生产率和经济效益。劳动生产率是指劳动者在一定时期内创造的劳动成果与其相适应的劳动消耗量的比值。劳动生产率高意味着劳动消耗的减少，人力资源的节约，是提高企业经济效益的重要途径。

经济效益是指企业的生产总值同生产成本之间的比例关系。用公式表示：经济效益 = 生产总值/生产成本。

6. 企业资产保值增值状况。企业资产保值增值是指企业在一定期间内，期末所有者权益等于或大于期初所有者权益。这里所有者权益（净资产） = 资产 - 负债，所以资产增值是所有者权益的增加部分。参考企业资产保值增值时，要注意不能把企业资产总额保持不变视为企业资产保值，也不能把企业资产总额的增加简单地认为是企业资产增值。如企业以负债形式增加资产，就不能简单认定为企业资产增值。这一部分比较专业，在开展协商前双方或职工方可聘请专业人士对企业资产保值增值情况进行分析解读，以增强协商的针对性。

7. 上一年度企业职工工资总额和职工平均工资水平。上一年度职工工资总额，是指上一年度企业直接支付给全部职工的劳动报酬总额，包括计时工资、计件工资、资金、津贴和补贴、加班加点工资、特殊情况下的工资等。上一年度职工平均工资水平，是指上一年度本企业职工平均工资的高低程度。通过工资集体协商确定职工工资水平调整幅度时，应当以上一年度职工工资总额和职工平均工资水平为依据。

8. 当地人力资源供求状况。人力资源供求状况对通过工资集体协商确定职工工资水平调整幅度具有一定的影响力。在开展协商时，协商双方尤其是职工方要深入分析当地人力资源属于供求平衡、供大于求、供小于求中的哪种情况，采取不同的策略，提出合理要求，促使企业和职工双赢。

9. 与工资集体协商有关的其他因素。不同的企业有不同的情况，千差万别。《条例》并未穷尽工资集体协商所有应考虑的因素，企业与职工在开展工资集体协商时，应根据各自企业不同的情况，结合自身的实际，形成一个符合自身发展的工资分配办法。企业与职工在开展工资集体协商时既要考虑维持劳动力的简单再生产，也要考虑尽可能地增加职工工资福利，调动职工的积极性，同时还要考虑企业的长远发展，形成一个合理的平衡，达到企业和职工的利益最大化。

相关规定

原劳动和社会保障部颁布的《工资集体协商试行办法》第八条：协商确定职工年度工资水平应符合国家有关工资分配的宏观调控政策，并综合参考下列因素：（一）地区、行业、企业的人工成本水平；（二）地区、行业的职工平均工资水平；（三）当地政府发布的工资指导线、劳动力市场工资指导价位；（四）本地区城镇居民消费价格指数；（五）企业劳动生产率和经济效益；（六）国有资产保值增值；（七）上年度企业职工工资总额和职工平均工资水平；（八）其他与工资集体协商有关的情况。

《中共中央、国务院关于构建和谐劳动关系的意见》规定，“以非公有制企业为重点，依法推进工资集体协商，不断扩大覆盖面、增强实效性，形成反映人力资源市场供求关系和企业经济效益的工资决定机制和正常增长机制”。

第十九条 工资专项集体合同规定的工资、福利待遇，应当符合政府工资分配宏观调控政策，综合考虑本条例第十八条所列因素，根据企业和职工实际情况确定。

工资专项集体合同规定的工资、福利待遇适用于所有与本企业建立劳动关系的职工。

企业和职工个人订立的劳动合同约定的工资、福利待遇，不得低于工资专项集体合同规定的标准。

条文主旨

本条是关于工资、福利待遇的确定方式和工资专项集体合同效力的规定。

条文解读

通过工资集体协商确定的职工工资、福利待遇，应当符合国家有关工资分配的宏观调控政策，综合考虑影响工资确定的企业内外部因素，保障职工公平合理分享企业和经济社会发展成果。

工资专项集体合同的效力在企业内部具有普适性，适用于所有与本企业建立劳动关系的职工。

对于签订了工资专项集体合同的企业来说，该合同对于本企业全部劳动合同都具有约束力，或者说具有基准作用。这表现在以下两个方面：

1. 补充性效力，即工资专项集体合同所规定的标准在一定条件下可以成为劳动合同的补充。工资专项集体合同中有的内容是单个的劳动合同未涉及的，这些内容对职工和企业也是有约束力的，即都应当按照工资专项集体合同的规定执行。

2. 不可贬低性效力，即工资专项集体合同所规定的标准在其效力范围内是劳动者利益的最低标准，劳动合同中关于职工利益的规定可以高于但不得低于这些标准，若低于此标准就由工资专项集体合同的规定取而代之。劳动合同中的劳动条件和劳动报酬等标准低于工资专项集体合同规定标准的，确认为无效；工资专项集体合同规定的标准变更的，劳动合同中相关内容的标准也要变更，以使其不低于工资专项集体合同规定的标准。

相关规定

《中华人民共和国劳动合同法》第五十五条：集体合同中劳动报酬和劳动条件等标准不得低于当地人民政府规定的最低标准；用人单位与劳动者订立的劳动合同中劳动报酬和劳动条件等标准不得低于集体合同规定的标准。

《中华人民共和国劳动法》第三十五条：依法签订的集体合同对企业和企业全体职工具有约束力。职工个人与企业订立的劳动合同中劳动条件和劳动报酬等标准不得低于集体合同的规定。

第二十条　职工方和企业方协商确定的劳动定额标准，应当是本企业百分之九十以上的职工在正常劳动条件下和法定工作时间内能够完成的工作量。

条文主旨

本条是关于劳动定额标准的规定。

条文解读

劳动定额标准是在一定的生产技术、组织条件下为生产一定量的产品或完成一定的工作，所规定的劳动消耗量的标准。劳动定额是否合理，直接关系到企业职工能否公平、合理地得到劳动报酬，直接关系到职工的工资标准，应当作为工资集体协商的关键内容。

劳动定额主要有两种形式：工时定额和产量定额。工时是衡量消耗量的通用尺度，一般把工时作为劳动定额的基本单位。工时定额是为生产合格产品所预先规定的劳动时间标准，表现形式为工时/个、工日/件、工分/公斤等。产量定额是规定单位时间内生产合格产品的数量标准，表现形式为个/工时、件/工日、公斤/工分等。目前，我国80%以上的加工制造、建筑、制衣等行业企业都实行计件工资制，计件工资制的核心问题是合理确定劳动定额。实践中，有关各方对于劳动定额准确性和合理性的判断是比较困难的。因此，本条规定了企业与职工双方在协商确定劳动定额标准时应当遵循的原则，使其更具可操作性。确定劳动定额一般有经验估工法、统计分析法、类推比较法、技术定额法等。经验估工法是由定额人员、技术人员和工人结合以往生产实践经验，依据图纸、工艺装备或产品实物进行分析，并考虑所使用的设备、工具、工艺装备、原材料及其他生产技术和组织管理条件，直接估算定额的一种方法，它的特点是确定劳动定额快、使用灵活、简便易行、工作量小、便于修改，常作为商业等服务性企业制定劳动定额的主要方法之一，在工业企业中，一般在单件小批生产中、在安排新产品试制或临时性生产任务时使用。统计分析法是把企业最近一段时间内生产该产品所耗工时的原始记录，通过统计分析整理，计算出一定的消耗水平，以此为依据制定劳动定额，它的特点是比较科学、精确和客观，是目前广泛使用的现代科学方法。类推比较法是以现有产品定额资料为依据，经过对比推算出另一种产品、零件或工序的定额的方法，它兼备了经验估工法和统计分析法的内容，只要典型工序、典型零件选择得当，对比分析细致，就可以较好地保证定额的水平，具有工作量小的特点，多用于产品品种多、批量少、单件小批生产类型的企业和生产过程。技术定额法是在分析技术、组织条件和工艺规程、总结先进经验、尽可能充分挖掘生产潜力的基础上，设计合理的生产条件和工艺操作方法，对组成定额的各部分时间，通过分析计算和实地观察来制定定额的方法，它的特点是先进合理、条理化、定量化、便于掌握定额水平、利于执行等，是最有科学依据的方法。现代化的生产管理，要求企业应努力创造条件，推广和运用这种方法。但其缺点是制定方法复杂、工作量大，难以做到迅速及时，这对于协商双方尤其是职工方协商代表是一个很大的挑战。

另外，确定劳动定额需经必要的民主程序，《中华人民共和国劳动合同法》第四条规定，用人单位在制定、修改或者决定有关劳动报酬、劳动定额管理等直接涉及劳动者切身利益的规章制度或者重大事项时，应当经职工代表大会或者全体职工讨论，提出方案和意见，与工会或者职工代表平等协商确定。具体来说，确定劳动定额生效的前置程序与条件有两个：一是职代会的民主管理程序；二是通过与工会或职工代表进行平等协商，双方共同决定。在开展工资集体协商时，要注意把握这一点，确保定额制定的合法性。

相关规定

《中华全国总工会关于积极开展行业性工资集体协商工作的指导意

见》规定：劳动定额和工时工价标准的确定，必须符合国家和地方有关法律法规的规定，以“在法定工作时间内、正常劳动条件下、90%以上职工能够完成”为原则，做到科学合理。

《中华人民共和国劳动合同法》第四条：用人单位在制定、修改或者决定有关劳动报酬、劳动定额管理等直接涉及劳动者切身利益的规章制度或者重大事项时，应当经职工代表大会或者全体职工讨论，提出方案和意见，与工会或者职工代表平等协商确定。

第四章

协商程序

本章要点

本章共11条，主要对协商的整个过程进行了明确，对于严格程序、规范协商具有重要的作用。

第二十一条 职工方和企业方均可以提出工资集体协商要约。

一方提出工资集体协商要约的，另一方应当自收到要约之日起十日内予以答复，无正当理由不得拒绝进行协商。

要约和答复应当采用书面形式，明确协商的时间、地点、内容等，并对本方主张作出说明。

条文主旨

本条是关于要约和答复的规定。

条文解读

提出要约是开展工资集体协商和签订工资专项集体合同的法定必经程序。协商双方均可提出进行工资集体协商的要求，但在实践中，一般情况是由职工方向企业方主动提出要约。提出要约，对于依法推动企业建立工资集体协商制度，完善劳动关系协调机制、充分发挥工资集体协商制度在发展和谐劳动关系和促进职工共建共享和谐社会中具有重要意义。其重要性表现在两个方面：一方面，提出要约，是法律赋予工会组织的一项重要权利。我国《劳动法》《工会法》等法律规定：工会通过集体协商和集体合同制度，协调劳动关系，维护职工劳动权益。工会代表职工向企业提出进行集体协商的要求，是工会表达职工利益诉求的法律手段，是工会依法维权的职责所在。另一方面，提出要约，是建立和完善工资集体协商制度的首要环节。提出协商要约，启动协商程序，关键在于工会的主动要约，积极作为。通过提出工资集体协商要约，可以激发劳动关系双方自主协商的内在动力。企业工会提出协商要约有困难或在其他特殊情况下，其上级工会可依法代替基层工会向企业方提出协商要约。职工方提出要约后，企业方有拒绝或者故意拖延协商等《条例》第四十七条所列举的违法行为的，地方各级总工会应按照《条例》第四十九条之规定，向企业发出劳动法律监督意见书，要求企业改正；拒不改正的，向同级人力资源社会保障部门提出劳动法律监督建议书，由人力资源社会保障部门依法处理。充分发挥地方各级总工会指导和帮助企业、行业、区域工会主动依法开展工资集体协商的积极作用，赢得社会的理解和支持，推动形成“工会主动要约—提出整改建议—责令整改—执法追究”的工作链。

实践中，地方各级总工会一般以开展集中要约行动的方式提出要求。开展工资集体协商要约行动应遵循以下 5 个原则：一是坚持依靠党的领导，与政府有关部门密切配合，借助社会力量合力推进；二是坚持遵守法律法规和国家有关规定；三是坚持互相尊重、诚实守信、公平合作、兼顾双方权益；四是坚持从实际出发，分类指导，因地制宜，突出重点，着力破解劳动关系中的突出矛盾和问题，提高实效；五是坚持工会主动要约，积极作为，注重集中要约和动态要约相结合，单个要约与行业性、区域性要约相衔接，不断提高协商质量水平，最终形成“党政主导、三方共促、工会力推、各方配合、企业和职工良性互动”的工作格局。

要约应当以书面形式提出，并载明协商的建议时间、地点、内容（本方的议题和诉求等）、本方协商代表等。答复也应当采用书面形式，注明是否同意要约方提出的协商时间、地点、内容（本方的议题和诉求等）等，并列出本方协商代表名单。要约要紧紧围绕《条例》第十七条所列内容，根据实际情况，每年可确定 1—2 个要约协商主题，有重点、有目标地开展工资集体协商要约，避免眉毛胡子一把抓，影响协商实效。

为避免对方因为种种原因故意拖延时间，《条例》规定了一方提出协商要约后，对方作出答复的期限为 10 日。这就要求协商双方要做好充分的准备工作，进行深入的沟通协调，把工作做到前面。

相关规定

《山东省劳动合同条例》第三十八条：集体协商一方有权向对方提出进行集体协商的要求，另一方应当在十日内以书面形式回应，无正当理由不得拒绝进行集体协商。

原劳动和社会保障部颁布的《集体合同规定》第三十二条：集体协商任何一方均可就签订集体合同或专项集体合同以及相关事宜，以书面形式向对方提出进行集体协商的要求。一方提出进行集体协商要求的，另一方应当在收到集体协商要求之日起二十日内以书面形式给予回应，无正当理由不得拒绝进行集体协商。

原劳动和社会保障部颁布的《工资集体协商试行办法》第十七条：职工和企业任何一方均可提出进行工资集体协商的要求。工资集体协商的提出方应向另一方提出书面的协商意向书，明确协商的时间、地点、内容等。另一方接到协商意向书后，应于20日内予以书面答复，并与提出方共同进行工资集体协商。

第二十二条　企业工会提出工资集体协商要约，应当听取本企业职工意见；尚未建立工会的，由上级工会指导职工民主推荐的协商代表提出工资集体协商要约。

企业法定代表人或者其书面委托的其他管理人员，可以向职工方提出工资集体协商要约。

条文主旨

本条是关于提出协商要约的进一步规定。

条文解读

企业工会提出协商要约，应当提前做好充分的准备，通过会议、培训、广播等，大力宣传工资集体协商的重要意义，宣传工资集体协商的基本知识和有关规定，引导广大职工关注自身权益，懂得依法享有的权利和应尽的义务，激发职工积极参与的内在动力，为集体协商奠定思想基础和群众基础。

在充分搜集与工资集体协商有关的情况和资料后，要通过召开工会小组会、不同人员座谈会、问卷调查等形式，广泛听取职工的意见建议、利益诉求，了解职工的思想动态和最关心的利益问题，并做好归纳和整理。

《中华人民共和国工会法》规定：企业、事业单位、机关有会员二十五人以上的，应当建立基层工会委员会；不足二十五人的，可以单独建立基层工会委员会，也可以由两个以上单位的会员联合建立基层工会委员会，也可以选举组织员一人，组织会员开展活动。但在实践中，因为种种原因，的确存在尚未建立工会的企业。对此，《条例》根据有关法律，赋予了上级工会指导职工民主推荐的协商代表提出工资集体协商要约的权利，当然这也是上级工会一项法定义务。

企业法定代表人或者其书面委托的其他管理人员，也可以根据企业实际情况，主动提出要约。

相关规定

《中华人民共和国工会法》第二十条：工会签订集体合同，上级工会应当给予支持和帮助。

《中华人民共和国劳动合同法》第五十一条：集体合同由工会代表企业职工一方与用人单位订立；尚未建立工会的用人单位，由上级工会指导劳动者推举的代表与用人单位订立。

《山东省劳动合同条例》第三十二条：集体合同由工会代表职工一方与企业订立；尚未建立工会的企业，由上级工会指导劳动者推举的代表与企业订立。

第二十三条 职工方和企业方应当在协商开始十日前向对方提供与协商有关的情况和资料。

企业方应当提供上一年度营业收入、上缴税收、净利润、职工工资总额和职工平均工资、社会保险费用缴纳等情况和资料。

条文主旨

本条是关于协商双方应当互相提供情况和资料的规定。

条文解读

持有与协商有关的情况和资料是提升协商质量、提高工资专项集体合同实效的重要保障。为了确保工资集体协商能够最终取得成果，避免协商漫无边际、不了了之，协商前双方应就协商事项、议题、方法步骤、议程、时间、地点、本方主张、依据等形成协商方案，连同相关材料于首次协商会议十日前提交给对方。其中协商地点、后勤保障等应由企业方在征得职工方同意后作出安排。

由于企业方在信息资料的占有上具有优势，为保证协商双方处于平等地位，本条规定企业方提供的材料要包括本企业上一年度营业收入、上缴税收、净利润、职工工资总额和职工平均工资、社会保险费用缴纳等与广大职工工资福利息息相关的情况和资料。

营业收入是指企业在从事销售商品、提供劳务和让渡资产使用权等日常经营业务过程中所形成的经济利益的总流入，它是企业补偿生产经营耗费的资金来源和取得利润的重要保障。

上缴税收主要是指反映企业本年度缴纳的增值税、营业税、城建税、教育附加、所得税等，当然也包括在“管理费用”中核算的房产税、印花税、车船使用税、土地使用税等。

净利润是指在利润总额中按规定缴纳了所得税后公司的利润留成，一般也称为税后利润。

工资总额是指企业在本年度直接支付给本单位全部职工的劳动报酬

总额，包括计时工资、计件工资、奖金、津贴和补贴、加班加点工资、特殊情况下支付的工资等，不论是否计入成本，不论是以货币形式还是以实物形式支付，均包括在内。

平均工资水平是一项反映工资总体水平的指标，指企业在一定时期内平均每人所得的货币工资额，它不同于每一个人的具体工资水平，它表明一定时期职工工资收入的高低程度。

社会保险费用缴纳情况是指企业根据《社会保险法》的有关规定，为职工缴纳养老、医疗、失业、工伤、生育保险单位部分和为职工代扣代缴养老、医疗、失业保险个人部分的基本情况。

相关规定

原劳动和社会保障部颁布的《工资集体协商试行办法》第十八条：在不违反有关法律、法规的前提下，协商双方有义务按照对方要求，在协商开始前5日内，提供与工资集体协商有关的真实情况和资料。

第二十四条　企业工会或者职工方协商代表应当在协商开始五日前向上一级工会报告。

条文主旨

本条是关于协商开始前报告的规定。

条文解读

向上一级工会报告，有利于上一级工会掌握协商情况，便于做好对下服务指导。加强指导，是各级工会领导机关在工资集体协商中发挥作用的重要体现。工资集体协商对企业工会和工会干部是一项重要而艰巨的工作，受各方面条件的制约，一些工会干部对工资集体协商的知识了解还不够，对具体的程序方法还不太熟悉，影响了开展工资集体协商的积极性和实际效果。企业工会或者职工方协商代表向上一级工会报告后，上一级工会可以帮助指导企业工会在调查研究的基础上，提出符合企业实际的协商要约，在协商过程中及时传授协商技巧和协商策略，有针对性地解决企业工会或者职工方依靠自身不能解决的问题和困难。当工资集体协商出现重大意见分歧时，上一级工会可及时介入，协调沟通，化解矛盾，避免矛盾激化而引发职工群体性事件。

上一级工会在指导帮助企业工会或者职工方开展工资集体协商时，必须遵循“促进企业发展、维护职工权益”的企业工会工作原则，按照有利于促进企业发展、有利于维护职工权益、有利于劳动关系和谐稳定的基本要求，帮助指导企业工会或者职工方制定协商目标、谋划协商思路、明确协商重点，使职工工资水平在企业经济效益增长的基础上逐步提高，最大限度地调动企业和职工群众的积极性。

在帮助指导企业工资集体协商的过程中，上一级工会要充分发挥主观能动性，坚持加强分类指导、突出重点的基本方法，坚持从实际出发，具体情况具体分析，引导帮助提出合理合法的协商要求，保证协商不走过场，取得实实在在的效果。对公有制企业，特别是国有企业和国有独资企业，应突出理顺按劳分配和按生产要素分配的关系，提高职工工资在企业工资分配中的比重；对股份制企业，应注意处理好职工工资分配与股息分红的关系；对外商投资、私营企业等非公有制企业，应尽量签订高于当地同行业职工平均工资水平的工资专项集体合同。对生产经营正常的企业，要突出协商工资增幅和福利待遇，建立工资正常增长机制；对生产经营困难的企业，要突出协商工资支付保障，建立工资支付保障机制。

相关规定

《中华人民共和国工会法》第二十条：工会签订集体合同，上级工会应当给予支持和帮助。

第二十五条 企业工资集体协商一般采取协商会议的形式。

协商会议由双方首席协商代表轮流主持。首次协商会议由提出要约一方的首席协商代表主持。

条文主旨

本条是关于协商会议的规定。

条文解读

开展协商是工资集体协商法定的、必经的关键环节，应当高度重视，认真实施，建立起规范有效的协商机制。工资集体协商一般采用但不限于协商会议的形式，之所以不限于协商会议，是因为如果协商事项比较简单，或者之前双方已经过充分酝酿，比较容易达成共识，为提高协商效率，也可以采取诸如圆桌会议、开会表决等形式。协商会议由双方人数对等的协商代表参加，由双方首席协商代表轮流主持。由于会议主持人在一定程度上掌握着会议的主动权，关系到协商会议的效率和发展方向，所以由双方首席协商代表轮流主持协商会议，可以体现协商双方主体地位平等，有利于相互尊重，平等合作，保证协商进程公平、公正。首次协商会议由提出要约一方的首席协商代表主持的规定，主要是沿用了国际上在各种协商、谈判、会商中的通行做法。协商会议议程一般由双方首席代表或其委托的人员商议确定后在协商会议上宣布，一般按以下程序进行：

1. 宣布议程和会议纪律；

2. 要约方首席协商代表介绍工资集体协商的准备过程、协商的具体内容和要求、提出协商议案的理由和依据，另一方首席代表就对方的要求作出回应；

3. 协商双方就商谈事项发表各自意见，开展充分讨论；

4. 双方首席代表归纳意见，就达成一致的意见提出共同确认的表述方式；

5. 形成工资专项集体合同草案，由双方首席代表签字。

协商会议一般按照双方商定的协商议题进行，视协商的具体情况，进行一轮或多轮协商。在协商过程中双方均可提议增加新的协商内容，但应在原定议题协商完毕后，再就新增加的内容进行商议。

协商双方应本着互谅互敬、求同存异的精神，充分交换意见，避免言辞激烈，互相攻击，要以在现有条件下提高职工福利、促进企业发展为共同目标，努力达成一致。

相关规定

《山东省劳动合同条例》第三十九条：集体协商会议由双方首席代表轮流主持，并按照规定程序进行。经协商达成一致的，形成集体合同草案，由双方首席代表签字。

原劳动和社会保障部颁布的《集体合同规定》第四条：集体协商主要采取协商会议的形式。第三十四条：集体协商会议由双方首席代表轮流主持。

第二十六条 双方协商代表应当共同确定一名非协商代表人员担任协商会议记录员。记录员应当如实、客观记录协商过程和结果，保守知悉的商业秘密。

会议记录由参加协商会议的全体协商代表签字确认。

条文主旨

本条是关于协商会议记录的规定。

条文解读

工资集体协商的记录员由协商双方共同确定，且不能由协商代表来担任。记录员一般应具有良好的业务素质和理解能力、有较强的责任心。记录员应保持中立、公正，与协商代表一样，在协商未取得一致之前，不得泄露协商内容，同时负有为企业保守商业秘密的责任。协商会议记录是记录员对协商会议全过程真实、客观和完整的记录。为避免协商记录的随意性，会议记录应经过全体与会协商代表审阅并签字确认。

相关规定

原劳动和社会保障部颁布的《集体合同规定》第三十三条：协商代

表在协商前应进行下列准备工作：……（五）共同确定一名非协商代表担任集体协商记录员。记录员应保持中立、公正，并为集体协商双方保密。

第二十七条 双方协商代表达成一致意见的，应当形成工资专项集体合同草案，并提交职工代表大会或者全体职工讨论，经全体职工代表或者全体职工过半数通过。

工资专项集体合同草案通过后，由企业方制作工资专项集体合同文本，双方首席协商代表签字盖章。工资专项集体合同草案未通过的，双方协商代表应当重新协商修改。

条文主旨

本条是关于集体合同草案讨论通过的规定。

条文解读

企业应当成立工资专项集体合同起草委员会或者起草小组，主持起草工资专项集体合同。工资专项集体合同常常采用条文式，一般主要包括以下几个部分：

1. 工资专项集体合同的名称，即在卷首标明该工资专项集体合同的名称；

2. 序言，即工资专项集体合同正文前的一段叙述性文字，相当于总则，应写明签订工资专项集体合同的目的、意义、依据等。也有的省略序言而直接进入正文，把正文的第一部分作为总则，介绍签订工资专项集体合同的目的、意义、依据等；

3. 正文，即协商双方确定的工资专项集体合同的内容，也就是工资专项集体合同的基本条款，是合同的核心部分；

4. 结尾，结尾部分多放在“附则”，包括有效期限、正副本的份数、法律效力、正本保管何处、副本发放何处、双方首席代表签名盖章、签订的年月日等事项。

工资专项集体合同的起草应当注意把握以下几个原则：

1. 内容要合法；

2. 合同要反映和体现企业实际，不能照抄照搬；

3. 要有可操作性，表述具体明确；

4. 使用概念准确、严谨，不能用含糊不清或者容易发生分歧的概念、术语；

5. 用字要准确、标点要规范。

工资专项集体合同提交职代会或者全体职工讨论是工资集体协商的法定程序，是我国《劳动法》《劳动合同法》等法律赋予职代会的职权。工会代表职工与企业开展工资集体协商、签订工资专项集体合同，关系到全体职工的切身利益，工资专项集体合同草案理应提交职代会或全体职工讨论通过。

职代会讨论工资专项集体合同的必要性：

1. 充分体现职工对工资集体协商的决定性作用。工会代表职工与企业进行协商，协商内容和结果必须符合绝大多数职工的意愿和要求，能否签订工资专项集体合同，最终要由职工来决定。

2. 保障职工的民主权利。职代会是企业民主管理的基本形式。职代会讨论工资专项集体合同草案，保证职工充分行使知情权、参与权、审议权和监督权，这既是对职工方协商代表的支持，又是对职工方协商代表的行为和结果最终负责。

3. 有利于教育、引导职工。工资专项集体合同草案讨论通过的过程也是对职工进行宣传、引导和统一思想的过程，让职工知晓和理解集体合同草案的产生过程与具体内容，可以为签订和履行工资专项集体合同奠定坚实的群众基础。

职代会讨论中要注意把握以下几个原则：

1. 合法原则；

2. 充分体现职工意愿的原则；

3. 坚持双赢目标的原则。

没有建立职代会制度的，应当由职工大会讨论通过。

工会在组织职代会讨论通过的过程，应当按照以下程序进行：

1. 审议前的准备工作。工会要在职代会召开前将工资专项集体合同草案发到全体职工代表手中，使之提前熟悉和研究工资专项集体合同草案的内容，并听取职工意见，事先准备好修改意见。

2. 向职代会报告。说明工资专项集体合同草案的产生过程、内容和制定依据、进行协商的情况等。

3. 组织职工代表讨论。请职工代表进一步修改完善。

4. 职代会表决通过。

本条规定工资专项集体合同文本由企业方制作，主要是考虑根据双方达成的一致意见起草合同草案需要耗费一定的人力和时间，企业方具有企业的人事调配权，由企业方制作草案有利于避免互相推诿，提高工作效率，使工资集体协商成果尽快发挥效用。

双方首席协商代表签字盖章是订立工资专项集体合同的形式要件，是必要的手续。

工资专项集体合同草案未通过的，双方应当加强磋商与协调，找准突破口，寻找结合点，对协商内容进行重新协商，修改完善。

相关规定

《中华人民共和国劳动法》第三十三条：企业职工一方与企业可以就劳动报酬、工作时间、休息休假、劳动安全卫生、保险福利等事项，签订集体合同。集体合同草案应当提交职工代表大会或者全体职工讨论通过。

《中华人民共和国劳动合同法》第五十一条：集体合同草案应当提交职工代表大会或者全体职工讨论通过。

《中华人民共和国工会法》第二十条：集体合同草案应当提交职工代表大会或者全体职工讨论通过。

《山东省劳动合同条例》第三十九条：经协商达成一致的，形成集体合同草案，由双方首席代表签字。第四十条：职工代表大会或者职工大会讨论集体合同草案，应当有三分之二以上职工代表或者职工出席，且须经全体职工代表半数以上或者全体职工半数以上同意，集体合同草案方获通过。集体合同草案经职工代表大会或者职工大会通过后，由集体协商双方首席代表签字，订立集体合同；未获通过的，双方代表应当重新协商修改。

原劳动和社会保障部颁布的《工资集体协商试行办法》第十九条：工资协议草案应提交职工代表大会或职工大会讨论审议。第二十条：工资集体协商双方达成一致意见后，由企业行政方制作工资协议文本。工资协议经双方首席代表签字盖章后成立。

原劳动和社会保障部颁布的《集体合同规定》第三十六条：经双方

协商代表协商一致的集体合同草案或专项集体合同草案应当提交职工代表大会或者全体职工讨论。职工代表大会或者全体职工讨论集体合同草案或专项集体合同草案，应当有三分之二以上职工代表或者职工出席，且须经全体职工代表半数以上或者全体职工半数以上同意，集体合同草案或专项集体合同草案方获通过。第三十七条：集体合同草案或专项集体合同草案经职工代表大会或者职工大会通过后，由集体协商双方首席代表签字。

第二十八条 企业工资集体协商的期限为六十日，自接受要约的一方答复同意协商之日起，至双方首席协商代表在工资专项集体合同上签字盖章之日止。

出现不可抗力的情形，可以中止协商。再次协商的时间、地点、内容由双方商定。中止期间不计入协商期限。

条文主旨

本条是关于协商期限和中止协商的规定。

条文解读

为提高协商效率，应当对协商过程加以期限限制，并且合理确定期限的起止时间。本条明确此期限为60日，主要是考虑从一方提出协商要求到经协商达成一致进而形成工资专项集体合同草案，双方需要一定的时间进行讨论、谈判，交换看法、互相让步，时间太短不利于双方协商取得成果，时间太长不利于提高效率，造成资源浪费。接受要约一方答复同意协商之日，意味着双方达成了进行工资集体协商的合意，双方首席协商代表在工资专项集体合同上签字盖章，标志着协商流程的结束，因此将这一阶段确定为协商期限。

为保证工资集体协商的连续性，协商过程除出现不可抗力因素导致协商无法继续进行的情况外一般不宜随意中止，待不可抗力因素消失后协商仍应继续。所谓不可抗力是指当事人以自身能力不能抗拒也无法预防的客观情况或事故，可以是自然原因酿成的，也可以是人为的、社会因素引起的。自然原因包括地震、水灾、旱灾等，人为、社会因素包括战争、政府禁令、集体停工等。中止期间不计入60日协商期限。

相关规定

《山东省劳动合同条例》第三十九条：经协商未达成一致意见或者出现意外情形时，可以中止协商。再次协商的时间、地点、内容由双方商定。

原劳动和社会保障部颁布的《集体合同规定》第三十五条：集体协商未达成一致意见或出现事先未预料的问题时，经双方协商，可以中止协商。中止期限及下次协商时间、地点、内容由双方商定。

第二十九条　企业方应当自工资专项集体合同订立之日起十日内，按照管理权限，将下列资料报送人力资源社会保障部门：

（一）工资集体协商情况说明；

（二）工资专项集体合同文本；

（三）职工代表大会或者全体职工讨论通过工资专项集体合同草案的决议；

（四）双方协商代表名单以及首席协商代表有效身份证件复印件；

（五）企业营业执照复印件。

第三十条 人力资源社会保障部门应当自收到相关资料之日起十五日内，对工资专项集体合同双方主体及其协商代表资格、协商程序和合同内容进行合法性审查，出具审查意见书，并将其送达协商双方。

人力资源社会保障部门自收到工资专项集体合同文本之日起十五日内，未提出异议的，工资专项集体合同即行生效；提出异议的，双方协商代表对异议部分再行协商并重新报送。

条文主旨

此两条是关于工资专项集体合同报送审查、生效的规定。

条文解读

工资专项集体合同对于保障职工权益、协调劳动关系、促进企业生产经营顺利进行等具有非常重要的意义。为了保证集体合同的有效实施，必须强化人社部门对集体合同运作过程中的监督和指导作用。因此《条例》规定，由人社部门对集体合同进行审查，不仅是订立集体合同的必经程序，也是集体合同的生效条件。

人社部门根据企业方报送的工资专项集体合同的相关资料，对下列事项进行合法性审查：

1. 协商双方的主体资格是否符合法律、法规和规章的规定；

2. 协商程序是否符合法律、法规和规章的规定；

3. 合同内容是否与法律、法规相抵触。

审查意见在实践中可能产生两种结果：一是人社部门无异议的，应及时向协商双方送达《工资专项集体合同审查意见书》，人社部门自收到集体合同文本之日起十五日内未提出异议，合同双方也未收到人社部门的《工资专项集体合同审查意见书》，视为人社部门已同意，工资专项集体合同即行生效；二是人社部门自收到工资专项集体合同文本之日起十五日内提出异议的，如工资专项集体合同的约定内容违反法律法规的规定，或者该集体合同的双方主体不合法等，具体意见应在《工资专项集体合同审查意见书》中通知协商双方，双方应就修改意见及时协商，修改工资专项集体合同，并重新报送人社部门。

相关规定

《中华人民共和国劳动法》第三十四条：集体合同签订后应当报送劳动行政部门。

《中华人民共和国劳动合同法》第五十四条：集体合同订立后，应当报送劳动行政部门；劳动行政部门自收到集体合同文本之日起十五日内未提出异议的，集体合同即行生效。

《山东省劳动合同条例》第四十一条：企业应当自集体合同订立之日起十日内将集体合同文本报县级以上人民政府劳动行政部门审查。县级以上人民政府劳动行政部门自收到集体合同文本之日起十五日内，对集体合同双方主体及其代表资格、协商程序和合同内容等进行审查，并将审查意见送达双方协商代表。经审查认为集体合同违法提出异议的，双方协商代表应当对提出异议的有关事项进行集体协商，重新订立集体合同，并按照前款规定的程序重新报送审查。县级以上人民政府劳动行政部门自收到集体合同文本之日起十五日内未提出异议的，集体合同即行生效。

原劳动和社会保障部颁布的《集体合同规定》第四十二条：集体合同或专项集体合同签订或变更后，应当自双方首席代表签字之日起 10 日内，由用人单位一方将文本一式三份报送劳动保障行政部门审查。劳动保障行政部门对报送的集体合同或专项集体合同应当办理登记手续。

原劳动和社会保障部颁布的《工资集体协商试行办法》第二十一条：工资协议签订后，应于 7 日内由企业将工资协议一式三份及说明，报送劳动保障行政部门审查。

第三十一条 双方协商代表应当自工资专项集体合同生效之日起七日内，向本方全体成员公布合同文本；职工方协商代表还应当将合同文本等相关资料报送上一级工会备案。

企业方应当每年至少向职工代表大会或者全体职工报告一次工资专项集体合同的履行情况。

条文主旨

本条是关于工资专项集体合同的公布、工会备案和企业方报告履行情况的规定。

条文解读

企业方和职工方应当按照工资专项集体合同的约定全面履行各自义务，而要提高合同的履行质量，首先需要让全体职工了解合同的内容。公布合同，目的在于让每个职工了解合同，熟知其中内容，履行好自己的权利和义务，增强职工依法维权的意识，使工资集体协商制度真正成为协调劳动关系、维护职工合法权益的有效机制和重要手段。双方可以通过公示栏、网络、会议等适当形式向本方全体人员公布。

职工方应当由工会或者首席代表将工资专项集体合同及时报送上一级工会，以便上一级工会及时掌握相关情况。

为了保证工资专项集体合同各项条款落到实处，并及时发现和纠正存在的问题，企业方应当每年至少一次向职代会和全体职工报告合同履行情况，便于职工监督。

相关规定

《中华人民共和国劳动合同法》第四条：用人单位应当将直接涉及劳动者切身利益的规章制度和重大事项决定公示，或者告知劳动者。

《山东省劳动合同条例》第四十四条：集体协商代表应当自集体合同生效之日起七日内，将生效的集体合同以适当的形式向本方全体成员公布。工会或者职工一方应当将生效的集体合同报上一级工会备案。

原劳动和社会保障部颁布的《集体合同规定》第四十八条：生效的集体合同或专项集体合同，应当自其生效之日起由协商代表及时以适当的形式向本方全体人员公布。

原劳动和社会保障部颁布的《工资集体协商试行办法》第二十三条：协商双方应于5日内将已经生效的工资协议以适当形式向本方全体人员公布。

第五章 行业性、区域性工资集体协商

本章要点

本章共7条，主要对行业性、区域性工资集体协商如何开展、双方协商代表和首席协商代表如何选举产生，以及经集体协商形成的行业性、区域性工资专项集体合同草案通过程序、效力做出相关规定。

第五章
行业性、区域性工资集体协商

第三十二条 行业集聚或者小企业比较集中的区域，可以就本行业或者本区域的职工工资水平、劳动定额、工资支付办法、工资支付时间等相关事项，开展行业性或者区域性工资集体协商，订立工资专项集体合同。

条文主旨

本条是关于行业性或者区域性工资集体协商的规定。

条文解读

行业性工资集体协商，是指在同行业企业相对集中的区域，由行业工会组织代表职工与同级企业代表组织或企业代表，依照国家法律、法规，就行业内企业职工工资水平、劳动定额标准、最低工资标准等事项开展集体协商，在协商一致的基础上，签订行业性工资集体合同的行为。区域性工资集体协商，是指以行政区域为单位（如乡镇、街道、社区、村、经济开发区、工业园区等），由区域工会组织与相应的区域企业组织或区域内企业方推选产生的代表，就区域内企业职工工资水平、劳动定额标准、最低工资标准等事项，开展工资集体协商、签订区域性工资集体合同的行为。

根据《中华人民共和国劳动合同法》第五十三条规定：“在县级以下区域内，建筑业、采矿业、餐饮服务业等行业可以由工会与企业方面代表订立行业性集体合同，或者订立区域性集体合同。”《中华人民共和国劳动合同法》对县级以下区域推行区域性、行业性集体协商，签订区域性、行业性集体合同做出了规定，为开展区域性、行业性工资集体协商提供了法律依据。

开展区域性、行业性集体协商政策上的依据主要有：1998 年 3 月，中华全国总工会制定下发的《关于建立区域性行业性平等协商和集体合同制度的意见》，对开展区域性、行业性集体协商的必要性以及建立区域性、行业性平等协商和集体合同制度的内容、重点、方式、途径等进行了初步的规范；2006 年，原劳动和社会保障部、全国总工会、中国企业联合会/中国企业家协会联合制定下发的《关于开展区域性行业性集体协商工作的意见》，为各地推进区域性、行业性集体协商工作提供了政策依据；2009 年 7 月，中华全国总工会制定下发的《中华全国总工会关于积极开展行业性工资集体协商工作的指导意见》，要求各级工会要抓紧建立和完善行业性集体协商机制，大力推动行业性集体协商工作。2011 年 1 月，中华全国总工会出台《中华全国总工会 2011—2013 年深入推进工资集体协商工作规划》，计划用 3 年时间全面推进企业建立工资集体协商制度，并强调将着重抓好区域性、行业性工资集体协商，特别是要在产业集群、中小企业、劳动密集型企业相对集中的地区和行业，重点推行区域性、行业性工资集体协商，着力解决一线职工劳动报酬偏低的问题，促进劳动关系和谐发展。2014 年 3 月到 4 月，国家协调劳动关系三方下发了《关于推进实施集体合同制度攻坚计划的通知》，中华全国总工会先后下发了《关于提升集体协商质量增强集体合同实效的意见》《深化集体协商工作规划（2014—2018 年）》，对深化集体协商工作、提升集体协商质量做出全面部署，进一步提升了行业集体协商在深化集体协商工作中的地位作用，明确了行业集体协商是深化集体协商工作的重点形式和主攻方向。

从发达市场经济国家开展工资集体协商的成功经验以及我国开展工资集体协商工作的具体实践来看，切实有效的工资集体协商应当是有重点、分层次、系统性的集体协商模式，这样才能不断增强协商的针对性和实效性。我国工资集体协商制度的完善，同样需要区域、行业、企业三个层级的有机结合和相互配合，即区域协商发挥其覆盖面广的优势，谈一个地区的底线标准；行业协商发挥其行业特征明显的优势，谈一个行业的劳动定额、工时工价标准；企业协商发挥其针对性强的优势，谈一个企业具体的增长或调整水平，形成一个“区域谈底线、行业谈标准、企业谈增长”的多层次、相衔接、立体式集体协商体系。从效力上看，区域性、行业性工资专项集体合同依法生效后，对本区域、本行业的企业和职工均具有约束力。在已签订了区域性、行业性工资专项集体合同的地区和行业，所覆盖企业可根据实际情况，进行二次工资集体协商，签订企业层面的工资专项集体合同。在企业集体合同与区域、行业工资专项集体合同内容不一致时，应当优先适用对职工更有利的规定。

推行区域性、行业性工资集体协商要注意把握以下几点：

1. 要从本行业、本区域劳动关系的特点和企业实际出发，在协商过程中要重点突出，议题集中，签订工资集体合同条款要具体，标准要量化，切实增强针对性和实效性。当前，要重点围绕劳动定额、计件单价、工时工价标准、行业最低工资标准等劳动标准及职工工资水平、工资增长幅度进行协商，通过工资集体协商妥善处理各方面的利益分配关系，推进企业建立工资分配共决机制、工资合理增长机制、工资支付保障机制。双方通过工资集体协商确定劳动定额和工时工价标准，做到科学合理、公平公正。

2. 规范协商程序，形成长效机制。要依法规范区域性、行业性工资集体协商程序，保证协商代表具有合法性，协商过程充分表达职工和企业方意愿和要求。

3. 规范协议内容。切实防止合同文本空洞化、形式化、低标准化的问题，协商内容得到双方一致认可，接受职工监督并有效履行。

开展行业性、区域性工资集体协商无论在协商层次、覆盖范围、整合资源、人力配备、减少社会成本、提升合同质量等方面都有着无可比拟的优势。行业性、区域性工资集体协商具有调整劳动关系的层次更高、力度更大、范围更广的优势：

1. 可以更加全面准确地收集和掌握资料。通过上级工会的指导，地区行业内各企业的通力配合，有利于工会方协商代表更全面、准确地收集资料，克服单个企业工会势单力薄的不利局面。

2. 可以更好地集中专家的力量研究分析协商方针和方案，避免了单个企业协商代表专业素质不高、不会谈的局面。

3. 避免了企业工资集体协商中，企业职工代表与企业行政方的正面交锋，解决了单个企业职工代表不敢谈的局面。

4. 同一领域的各企业具有行业共同性，在利润和职工工资水平等方面往往比较接近，通过制定统一的劳动定额、工时工价标准，能够有效克服行业内部各企业“乱挖墙角”的无序竞争状态，优化企业发展环境。

5. 覆盖的人群更广，可以有效维护整个行业或者区域内的广大职工群体的合法权益，创建更加和谐稳定的劳动关系。

6. 能够减少劳资谈判的社会成本。

7. 行业集体协商使同行业的劳动成本趋于平均化，企业只有通过技术升级才能获得超额利润，有助于提升行业整体素质，提高区域经济竞争能力。因此，行业性、区域性工资集体协商是当前我国集体协商工作的发展方向。

相关规定

《中华人民共和国劳动合同法》第五十三条：在县级以下区域内，建筑业、采矿业、餐饮服务业等行业可以由工会与企业方面代表订立行业性集体合同，或者订立区域性集体合同。第五十四条：依法订立的集体合同对用人单位和劳动者具有约束力。行业性、区域性集体合同对当地本行业、本区域的用人单位和劳动者具有约束力。

国务院批转的《关于深化收入分配制度改革的若干意见》规定：以非公有制企业为重点，积极稳妥推行工资集体协商和行业性、区域性工资集体协商。

原劳动和社会保障部、中华全国总工会、中国企业联合会/中国企业家协会下发的《关于开展区域性行业性集体协商工作的意见》规定：区域性行业性集体协商是指区域内的工会组织或行业工会组织与企业代表或企业代表组织，就劳动报酬、工作时间、休息休假、劳动安全卫生、保险福利等事项，开展集体协商签订集体合同的行为。

第三十三条 行业性、区域性工资集体协商的职工方协商代表，由本行业或者本区域内的工会选派，并向本行业或者本区域内参加协商的所有企业职工公示。首席协商代表由工会主席担任。

条文主旨

本条是关于行业性、区域性工资集体协商的职工方协商代表的规定。

条文解读

本行业或者本区域内的工会既可以是行业工会，也可以是行业工会联合会，还可以是总工会，工会主席担任首席协商代表。

特别是行业性集体协商代表要按照《集体合同规定》所规定的程序产生。职工方协商代表由行业工会组织选派，职工方首席协商代表一般由行业工会主席担任。未组建行业工会组织的，职工方协商代表由行业所在区域工会选派，职工方首席协商代表可由行业所在区域相应一级的工会主席担任，也可由上级工会选派或在上级工会指导下从本行业内企业工会主席中民主推举产生。

有关职工方首席代表产生的规定，主要是参考《集体合同规定》第二十条第二款而制定的，即“职工一方的首席代表由本单位工会主席担任。工会主席可以书面委托其他协商代表代理首席代表。工会主席空缺的，首席代表由工会主要负责人担任。未建立工会的，职工一方的首席代表从协商代表中民主推举产生”。

明确区域性和行业性工资集体协商的主体和职工方协商代表，是确保区域性和行业性工资集体协商顺利进行的重要保障。根据《关于开展区域性行业性集体协商工作的意见》（劳社部发〔2006〕32 号），关于区域性行业性集体协商代表的产生方式，职工一方的协商代表由区域内的工会组织或行业工会组织选派，首席代表由工会主席担任。企业一方的协商代表由区域内的企业联合会/企业家协会或其他企业组织、行业协会选派，也可以由上级企业联合会/企业家协会组织区域内的企业主经民主推选或授权委托等方式产生，首席代表由企业方代表民主产生。《中华全国总工会关于积极开展行业性工资集体协商工作的指导意见》（总工发〔2009〕31号）中关于明确协商主体的规定，开展行业性工资集体协商，可根据实际确定协商主体。一是可由行业工会（或工会联合会）与行业内企业代表组织进行协商；二是可由行业工会与行业内企业方推荐产生的代表进行协商；三是由行业工会与行业所属各企业行政进行协商；未组建行业工会的，可由行业所在区域的工会代行行业工会的职责，与企业代表组织进行协商。行业集体协商代表要按照《集体合同规定》所规定的程序产生。职工方协商代表由行业工会选派，职工方首席协商代表一般由行业工会主席担任。未组建行业工会的，职工方协商代表由行业所在区域工会选派，职工方首席协商代表可由行业所在区域相应一级的工会主席担任，也可由上级工会选派或在上级工会指导下从本行业内企业工会主席中民主推举产生。

工资集体协商的主体分别是代表劳资双方的工会组织、职工代表和雇主或雇主组织，工资集体协商主体通过选举或指定其代表实施相关协商行为。一般来说在企业工资集体协商中，协商的主体是企业工会和企业所有者，企业尚未建立工会的情况下，上级工会指导职工推举协商代表进行协商。行业性、区域性工资集体协商的职工方协商代表，由本行业或者本区域内的工会选派，并向本行业或者本区域内参加协商的所有企业职工公示。首席协商代表由工会主席担任。区域性集体协商的主体是区域性工会组织和区域性雇主组织，如乡镇（街道）、社区（村）工会应与其区域内的企业协会等雇主组织进行协商，签订区域性集体合同。行业性集体协商的主体应该是行业工会和行业协会。

首席协商代表是集体协商双方各自推选的本方对集体协商进程起主导作用的协商代表，其主要任务是集体协商期间主持协商会议，负责集体协商的有关组织协调工作，并对协商过程中发生的问题提出处理建议、签署集体协商会议纪要或集体合同文本等。

第三十四条　行业性、区域性工资集体协商的企业方协商代表，由本行业或者本区域内的企业代表组织直接选派，也可以由本行业或者本区域内参加协商的所有企业民主推选产生。首席协商代表由企业方协商代表民主推举产生。

条文主旨

本条是关于行业性、区域性工资集体协商的企业方协商代表的规定。

条文解读

行业性、区域性工资集体协商的企业方协商代表，一般由本行业或者本区域内的企业联合会、企业家协会、行业协会或者工商联选派；也可以由上级企业联合会、企业家协会、行业协会或者工商联组织参加协商的企业，通过民主推荐的方式产生。

有关企业方首席代表产生的规定，主要是参考《集体合同规定》第二十一条而制定的，即“用人单位一方的协商代表，由用人单位法定代表人指派，首席代表由单位法定代表人担任或由其书面委托的其他管理人员担任”。企业方首席代表由企业法定代表人或者其书面指定的协商代表担任。这一规定所提出的企业方首席代表首先是“法定代表人”，这是国际劳工公约和其他国家的集体谈判立法都没有的。在现代企业制度中，企业的法定代表人一般为董事长，而董事长一般并不直接参与企业的劳资关系事务。各国的一般做法是，企业方首席代表由企业中负责劳资关系事务的负责人员，如负责企业人事的副总经理或人力资源部经理等担任，我国在集体协商实践中基本上也采用这种做法。

山东省总工会制定的《山东省深化工资集体协商工作实施意见(2015—2018 年)》也强调，在中小型企业、劳动密集型企业比较集中的街道、乡镇、社区、楼宇、村镇和工业园区积极开展区域工资集体协商；在同行业特别是餐饮服务、家政、零售、加工制造等行业企业相对集中的区域内，重点开展行业工资集体协商。由此可见，区域性、行业性工资集体协商代表着我国工资集体协商的发展方向，是深化工资集体协商工作，推动工资集体协商在更高的层次、更大的范围实现突破性进展的必然选择。

我国现行法律法规虽然对在县级以下区域推行区域性、行业性集体协商，签订区域性、行业性集体合同做出了规定，为开展区域性、行业性工资集体协商提供了法律依据。但是，由于这项工作起步较晚，人们要认识和接纳它，还需要一个过程。工资集体协商是劳资双方的行为，这种行为的发生需要劳资双方有合法的协商主体的存在。在区域性、行业性工资集体协商实践中，经常会遇到一方或双方协商主体缺位的问题。从工会组织建设来看，乡镇、街道、社区的工会组织相对比较健全，而作为企业方主体的企业家协会、企业联合会、工商联、行业协会和商会等组织，在县一级还有待完善，在街道、乡镇、社区往往没有对应的组织。由于企业方协商主体的缺位，工会一方往往找不到协商“对象”，影响了区域性、行业性工资集体协商制度的推行。在实践中，为了开展区域性、行业性工资集体协商，有的地方工会或行业工会组织将行业内的企业主召集起来与之签订工资集体合同，但是，当地方工会或行业工会组织与毫无组织资源的个别企业主签订工资集体合同时，它无法证明这种工资集体合同是平等协商的结果。有的地方采取了县级以上的企业代表组织指导行业内的企业经营者民主推选企业方的协商代表与职工方进行工资协商的方式，这种方式虽然可以保证区域性、行业性工资集体合同的签订，但由于没有一个固定的企业方代表组织，工资集体合同在履行过程中产生争议时，往往难以及时协商解决。所以加强行业性区域性工会组织和企业代表组织建设是当务之急。

当前，区域性、行业性工资集体协商的质量不高，主要表现为协议内容单一、雷同，协商程序随意、不规范等方面。从协议的内容上看，协议中的条款大多照搬照抄现有法律条文，缺乏具体的细化和量化标准。如在工资标准方面，只写明职工工资不低于当地最低工资标准，或只是写明了职工工资随企业效益的增长而增长，但对于工资增长的幅度、奖金、补贴、劳动定额标准等都没有写清楚。由于协议内容空泛，针对性不强，区域性、行业性工资集体合同，往往成为“摆设”。从协商的程序上看，一些区域性、行业性工资集体协商没有很好地与民主管理制度建设结合起来，区域性、行业性职代会没有同步建立，协议的确认缺少合法有效的载体。实践中，不少工会组织采取了变通的方法，一些上级工会往往拿着事先拟定好的协议范本，分别送达所覆盖的企业，指导企业按照相应的民主程序听取职工的意见和建议，分别得到认可后，再由企业方代表与行业工会或上级工会组织签字确认。这种方法虽然也履行了民主程序，但是延长了签订的时间，特别是各企业职工有不同的利益诉求时，增加了达成共识的难度。有的工会组织为了迅速推进区域性、行业性工资集体协商制度，实现签约数量要求，更是直接省略了征求职工意见和建议的环节，将起草好的协议文本，送交企业方代表签字。由于缺少民主程序，许多企业不愿意将协议内容向职工公布，即使公布了，由于内容虚的多实的少，职工也觉得协议与他们没有什么关系，因而采取漠然处之的态度。

区域性、行业性工资集体协商不仅涉及工资分配制度、工资标准等工资方面的专业知识，同时还涉及相关的法律法规和经济管理知识，政策性和专业性都非常强。这就要求协商双方必须充分掌握行业信息，具备相应的专业知识和较强的协商能力。从实际情况来看，劳资双方代表在协商知识与能力对比上并不均衡。代表企业利益的一方往往具有很强的专业素质，熟悉行业政策和标准，了解市场情况，有较强的协商能力。而代表职工利益的一方，虽然有协商的热情，但协商知识、协商能力缺乏，总体上懂维权、会算账、能协商的并不多。在这种情况下，工会开展区域性、行业性工资集体协商工作迫切需要得到上级工会的帮助和支持。但现状是，部分地方工会工资集体协商指导机构不健全，对工资集体协商的代表培训不到位，职工一方缺少自己的专业队伍，有的地方虽然建立了工资集体协商指导员队伍，但覆盖面还比较窄，指导力度不够，还不能很好地适应形势发展的需要。

所以，培育好协商主体，是推动行业性区域性集体协商深入开展的前提和基础。当前，应当着重从以下两方面加强行业性、区域性集体协商主体的培育工作：一方面要推动纳入党政工作大局。把培育雇主组织作为加强和创新社会管理的一项重要内容，纳入各级党政工作大局，借助党政的力量推动加快不同层次、不同类型的行业协会组织建设速度，并从法律上明确其社团法人的主体地位，增强其代表性和权威性。另一方面要加强工会组织体制改革创新。在小企业比较集中的镇、街道、村、社区和工业园区，加快行业性或区域性工会联合会等组织建设速度的同时，积极稳妥探索建立更切合实际、符合协商要求的行业工会组织。

相关规定

原劳动和社会保障部、中华全国总工会、中国企业联合会/中国企业家协会下发的《关于开展区域性行业性集体协商工作的意见》规定：区域性行业性集体协商代表应按照规范程序产生。职工一方的协商代表由区域内的工会组织或行业工会组织选派，首席代表由工会主席担任。企业一方的协商代表由区域内的企业联合会/企业家协会或其他企业组织、行业协会选派，也可以由上级企业联合会/企业家协会组织区域内的企业主经民主推选或授权委托等方式产生，首席代表由企业方代表民主推选产生。

第三十五条 经集体协商形成的行业性、区域性工资专项集体合同草案，应当提交本行业或者本区域内参加协商的各企业职工代表大会或者全体职工讨论，经本企业全体职工代表或者全体职工过半数通过；建立行业或者区域职工代表大会的，也可以提交该职工代表大会讨论，经全体职工代表过半数通过。

本行业或者本区域内参加协商的工会和所有企业，应当对讨论通过的行业性、区域性工资专项集体合同盖章确认。

条文主旨

本条是关于行业性、区域性工资专项集体合同草案讨论通过的规定。

条文解读

经协商一致的行业性或者区域性工资专项集体合同草案进入职工审议程序时，一般采取以下 3 种方式解决：

1. 对于合同覆盖范围内的企业已建立职代会制度的，应当提交企业职代会讨论通过；

2. 对于未建立职代会的企业，可以通过各企业全体职工讨论通过，取得职工认可；

3. 为适应非公有制企业民主管理制度的发展要求，积极探索建立行业性或者区域性职工代表大会制度，解决行业性或者区域性工资专项集体合同的审议通过办法和途径。

讨论通过的行业性或者区域性工资专项集体合同同样需要通过盖章的形式进行确认。要注意，这里是由参加协商的工会组织和所有企业盖章确认。

根据原劳动和社会保障部颁布的《集体合同规定》第三十六条规定，经双方协商代表协商一致的集体合同草案或专项集体合同草案应当提交职工代表大会或者全体职工讨论；协商双方就协商事项达成一致意见的，由企业方在七日内制作工资集体合同草案。工资集体合同草案应当提交企业职工代表大会或者职工大会审议，职工代表大会或者职工大会应当有三分之二以上职工代表或者职工出席，且经全体职工代表或者全体职工半数以上同意，工资集体合同草案方获通过。获得通过的工资集体合同，由双方首席代表签字盖章。工资集体合同草案未获通过的，自职工代表大会或者职工大会闭会之日起三十日内，由协商双方重新协商修改并再次提交职工代表大会或者职工大会审议。

开展区域性和行业性工资集体协商，要严格履行协商程序，通过职代会或是职工大会是充分表达区域和行业职工意愿的重要程序。

区域性和行业性工资专项集体合同属于事关全体职工切身利益的重大问题，必须经企业职工代表大会或职工大会讨论通过，并经本行业或者本区域内参加协商的工会和所有企业，对讨论通过的区域性、行业性工资专项集体合同盖章确认。

相关规定

《中华人民共和国劳动法》第三十三条：企业职工一方与企业可以就劳动报酬、工作时间、休息休假、劳动安全卫生、保险福利等事项，签订集体合同。集体合同草案应当提交职工代表大会或者全体职工讨论通过。

集体合同由工会代表职工与企业签订；没有建立工会的企业，由职工推举的代表与企业签订。

第三十六条　对依法订立的行业性、区域性工资专项集体合同，协商双方应当分别向本行业或者本区域内所有盖章确认该合同的企业及其职工公布。

生效的行业性、区域性工资专项集体合同对本行业或者本区域内所有盖章确认该合同的企业及其职工具有约束力。

条文主旨

本条是关于行业性、区域性工资专项集体合同生效后有关工作的规定。

条文解读

企业方和职工方应当按照工资集体合同的约定全面履行各自义务，而要提高行业性、区域性工资专项集体合同的履行质量，首先需要让全体职工了解行业性、区域性工资专项集体合同的内容。因此，企业方应当自行业性、区域性工资专项集体合同生效五日内向全体职工公布。公布的方式有很多，在企事业单位、车间、科室、班组醒目区域的厂务公开栏内或者运用内部广播、电视、局域网等现代传媒手段和刊物、简报、墙报、黑板报，以及印制小册子向职工散发、上传至企业门户网站、在厂区和宿舍区布告栏张贴，等等。而职工方应当由工会或者首席代表将行业性、区域性工资专项集体合同及时报送上级工会，以便上级工会及时掌握相关情况。

依法订立的工资专项集体合同不局限于参加协商谈判、签订该项集体合同的双方代表，同一行业或者区域内盖章确认该合同的企业和企业内部职工都要平等履行该合同，这体现出工资专项集体合同效力的普遍性，既不因企业法人代表的变动而影响其效力，也不会将工资专项集体合同生效实施后被企业录用的职工排除在外。

相关规定

《中华人民共和国劳动合同法》第五十四条：依法订立的集体合同对用人单位和劳动者具有约束力。行业性、区域性集体合同对当地本行业、本区域的用人单位和劳动者具有约束力。

第三十七条　企业工资专项集体合同规定的工资标准，不得低于本企业确认的行业性、区域性工资专项集体合同规定的标准。

条文主旨

本条是关于企业工资专项集体合同规定的工资标准与行业性、区域性工资专项集体合同规定标准的关系的规定。

条文解读

行业、区域内的企业与职工签订的工资专项集体合同或者劳动合同规定的企业最低工资标准或者职工工资标准，应当不低于行业性、区域性工资专项集体合同规定的最低工资标准。

工会应当提倡企业在参与行业性或者区域性工资集体协商、签订行业性或者区域性工资专项集体合同的情况下，根据企业实际，开展更具有针对性的二次协商，在工资标准不得低于行业性、区域性工资专项集体合同规定的标准的基础上，签订本企业的工资专项集体合同。

相关规定

《中华人民共和国劳动法》第三十五条：依法签订的集体合同对企业和企业全体职工具有约束力。职工个人与企业订立的劳动合同中劳动条件和劳动报酬等标准不得低于集体合同的规定。

《中华人民共和国劳动合同法》第五十四条：依法订立的集体合同对用人单位和劳动者具有约束力。行业性、区域性集体合同对当地本行业、本区域的用人单位和劳动者具有约束力。第五十五条：集体合同中劳动报酬和劳动条件等标准不得低于当地人民政府规定的最低标准；用人单位与劳动者订立的劳动合同中劳动报酬和劳动条件等标准不得低于集体合同规定的标准。

《山东省劳动合同条例》第三十五条：依法签订的集体合同对企业和企业全体职工具有约束力。职工个人与企业订立的劳动合同中劳动条件和劳动报酬等标准不得低于集体合同的规定。

第三十八条 行业性、区域性工资专项集体合同的审查和备案程序，适用本条例第四章的有关规定；行业性、区域性工资集体协商的其他程序，本章没有规定的，参照本条例第四章的相关规定执行。

条文主旨

本条是关于行业性、区域性工资集体协商的兜底条款。

条文解读

由于行业性、区域性工资集体协商与企业单独开展工资集体协商既有区别又有联系，行业性、区域性工资专项集体合同报送审查和备案的时限、报送资料的种类以及人社部门的合法性审查、上级工会的备案等与企业单独签订的工资专项集体合同的相关程序是一致的，应当适用第四章的有关规定。其他程序，如要约和答复、互相提供与协商相关的情况和资料、协商会议等程序可以参照第四章的有关规定执行。

第六章

工资专项集体合同的履行、变更、解除和终止

本章要点

本章共5条。主要规定了工资专项集体合同的履行、变更、解除和终止条件。

第三十九条 职工方和企业方应当按照工资专项集体合同的规定，全面履行各自的义务。

条文主旨

本条是关于工资专项集体合同的履行的规定。

条文解读

工资专项集体合同的履行，是指在工资专项集体合同依法签订后，职工方和企业方按照工资专项集体合同约定的时间、地点和方法，全面完成该工资集体合同规定的义务。当事人完成了合同规定的全部义务，叫工资专项集体合同的全部履行；只完成了合同规定的部分义务，叫工资专项集体合同的部分履行；没有完成合同规定的义务，叫工资专项集体合同未履行。工资专项集体合同一旦生效，就具有法律效力，双方当事人必须遵守执行，无法定理由拒不履行合同的，应当承担违约责任。

工资专项集体合同的履行有以下三方面的原则：

1. 全面履行的原则，即工资专项集体合同生效后，职工方和企业方应当全面完成工资专项集体合同规定的义务。

2. 实际履行的原则，即当事人完全按照工资专项集体合同规定的义务履行，合同中规定了什么义务就履行什么义务，除法律、法规有规定或征得对方当事人同意外，不得用完成另外的义务来代替规定的义务。一方违约时，也不得用其他方式代替履行。对方要求继续履行时，仍应完成工资专项集体合同规定的义务。

3. 协作履行的原则，即职工方和企业方双方当事人之间应团结合作，相互支持、相互帮助、密切配合完成工资专项集体合同规定的义务。

建立工资集体协商制度是在法律法规规定的范围内，根据企业自身实际最大限度地维护企业和职工双方的利益，是利益共享责任共担的承诺，在劳资双方强弱地位悬殊的现实情况下，则更有利于维护职工的权益。因此，双方必须严格履行。但在实践中，一些企业重签订轻履行甚至是不履行，把这一制度当作任务和指标来完成，往往签订了合同，上报了数字就算大功告成，至于合同是否解决了实际问题则完全置于脑后。因此，一方面，企业应自觉履行工资专项集体合同规定的义务；另一方面，工会要在引导职工切实履约的同时，加强履约监督，督促企业切实履行工资专项集体合同。

1. 充分发挥企业内部监督主体的作用。既可以通过职代会、厂务公开、履约监督小组等制度和组织形式对工资专项集体合同的履行情况进行直接监督，也可以对双方协商代表行使职权的行为进行监督，实现对工资专项集体合同履行情况进行间接监督的目的。企业行政方要对企业职能部门履行集体合同的情况进行监督检查，并将履行情况纳入岗位目标管理和相关责任人员的奖惩制度，以此确保工资专项集体合同的有效履行。

2. 强化企业外部监督。各级工会组织要积极借助人社部门的劳动监察、人大执法检查、政协视察等外部监督机制，建立集体合同履约情况的外部约束机制。

第四十条 在工资专项集体合同期限内，因法律、法规制定或者修改，致使合同内容与之相抵触的，协商双方应当予以变更或者解除；有下列情形之一的，可以变更或者解除：

（一）双方协商一致的；

（二）因不可抗力致使合同部分或者全部不能履行的；

（三）企业因兼并、重组等原因，致使合同无法履行的；

（四）合同规定的变更或者解除条件出现的；

（五）法律、法规规定可以变更或者解除的其他情形。

协商一方提出变更或者解除工资专项集体合同要求的，应当以书面形式说明理由，并提供相关证明材料。

条文主旨

本条是关于工资专项集体合同的变更、解除的规定。

条文解读

如果工资专项集体合同在履行过程中遇到客观条件的变化，应当采取必要的措施，按照法定程序进行变更或者解除，并且应当采取书面形式、提供相关证明材料，以保证工资专项集体合同的严肃性。

工资专项集体合同的变更是指工资专项集体合同没有履行或者没有完全履行之前，因订立工资专项集体合同所依据的主客观情况发生变化，原合同内容已不适应变化的情况，双方当事人依照法律规定的程序，对原合同内容中某些条款进行补充和修改的行为。工资专项集体合同的解除是指工资专项集体合同没有履行或者没有完全履行之前，因订立工资专项集体合同所依据的主客观情况发生变化，致使工资专项集体合同的履行成为不可能或不必要，双方当事人依照法律规定的条件和程序，终止工资专项集体合同的行为。

如果因法律、法规制定或者修改，导致工资专项集体合同内容与之相抵触，即合同内容被认定违法，应当及时进行变更或者解除。在不违反法律、法规的前提下，经双方协商一致，可以变更或者解除工资专项集体合同；双方事先约定的变更或者解除条件出现时，经协商一致可以变更或者解除；法律、法规规定可以变更或者解除的其他情形，经协商一致可以变更或者解除。

破产，是指企业因不能清偿到期债务或出现资不抵债，而通过法定程序清偿财产、偿还债权而终止其法人资格的一系列法律活动。解散，是指结束企业的正常经营活动，消灭其法人资格的一种法律程序，致使合同部分或者全部不能履行的，经协商一致可以进行变更或解除。

不可抗力是指当事人自身能力不能抗拒也无法预防的客观情况或事故，可以是自然原因酿成的，也可以是人为的、社会的因素引起的。自然原因包括地震、水灾、旱灾等，人为的、社会的因素包括战争、政府禁令、集体停工等，致使合同部分或者全部不能履行的，经协商一致可以进行变更或解除。

企业被兼并或者重组，如果承接原企业权利义务的一方不愿继续履行工资专项集体合同，经协商一致可以变更或者解除。

工资专项集体合同的期限为 1 年至 3 年，在合同规定的期限内，合同双方当事人可以对合同履行情况进行检查，对一些不适应形势发展变化的条款，任何一方当事人均可提出变更的要求，经协商一致可以进行变更或解除。

提出变更、解除或者终止工资集体合同要求的一方，应当提供相关证明材料并说明理由。证明材料包括变更、解除或者终止工资集体合同的法律依据，出现符合变更、解除或者终止集体合同的法定或约定条件的事实依据等。需要变更合同的，还应提供变更合同的意见或草案。

相关规定

《山东省劳动合同条例》第四十三条：集体协商双方代表经协商一致，可以变更或者解除集体合同。

原劳动和社会保障部颁布的《集体合同规定》第三十九条：双方协商代表协商一致，可以变更或解除集体合同或专项集体合同。第四十条：有下列情形之一的，可以变更或解除集体合同或专项集体合同：（一）用人单位因被兼并、解散、破产等原因，致使集体合同或专项集体合同无法履行的；（二）因不可抗力等原因致使集体合同或专项集体合同无法履行或部分无法履行的；（三）集体合同或专项集体合同约定的变更或解除条件出现的；（四）法律、法规、规章规定的其他情形。

第四十一条　变更工资专项集体合同，应当依照本条例规定的工资集体协商程序办理。

解除工资专项集体合同，应当提交职工代表大会或者全体职工讨论，经全体职工代表或者全体职工过半数通过。企业方协商代表应当自合同解除之日起七日内报送原负责审查的人力资源社会保障部门备案。

职工方协商代表应当将变更或者解除工资专项集体合同的情况，书面报告上一级工会。

条文主旨

本条是关于工资专项集体合同的变更或者解除程序的规定。

条文解读

工资专项集体合同的变更或者解除是企业和职工之间的一种法律行为，涉及双方的权利和义务关系，关系工资专项集体合同的法律效力，应当严格履行协商程序。工资专项集体合同的变更或者解除必须由双方协商一致。

变更工资专项集体合同，意味着一个新的工资专项集体合同的产生。因此，应当按照工资集体协商的程序进行。

解除工资专项集体合同应当按照讨论通过工资专项集体合同时的程序进行，即提交职工代表大会或者全体职工讨论，听取职工的意见建议，并经全体职工代表或者全体职工过半数通过，才能解除工资专项集体合同。合同解除后双方要及时做好报送备案和报告工作，即企业方协商代表应当自合同解除之日起七日内报送原负责审查的人力资源社会保障部门备案。职工方协商代表应当将变更或者解除工资专项集体合同的情况，书面报告上一级工会。

需要注意的是，除因法律、法规制定或者修改，致使合同内容与之相抵触的，协商双方应当予以变更或者解除的情形外，经协商未达成一致，或者在变更后的集体合同生效或者达成正式解除协议前，原工资专项集体合同仍然有效。

相关规定

《山东省劳动合同条例》第四十三条：集体协商双方代表经协商一致，可以变更或者解除集体合同。集体合同的变更或者解除，按照规定的程序，由职工代表大会或者职工大会讨论通过。变更后的集体合同应当报县级以上人民政府劳动行政部门审查。

原劳动和社会保障部颁布的《集体合同规定》第四十一条：变更或解除集体合同或专项集体合同适用本规定的集体协商程序。

第四十二条　有下列情形之一的，工资专项集体合同终止：

（一）合同期满的；

（二）企业被依法宣告破产、吊销营业执照、责令关闭、撤销，或者企业决定解散的；

（三）合同规定的终止条件出现的；

（四）法律、法规规定的其他情形。

条文主旨

本条是关于工资专项集体合同终止的规定。

条文解读

工资专项集体合同终止指企业方和职工方在工资专项集体合同订立

以后，因一定的法律事实出现，使工资专项集体合同确立的权利义务关系消灭。合同期满或者合同规定的终止条件出现，即行终止。企业被依法宣告破产、吊销营业执照、责令关闭、撤销，或者企业决定解散，企业已不复存在，以及法律、法规规定的其他情形，工资专项集体合同必然要终止。

相关规定

原劳动和社会保障部颁布的《集体合同规定》第三十八条：集体合同或专项集体合同期限一般为 1 至 3 年，期满或双方约定的终止条件出现，即行终止。

第四十三条 除出现本条例第四十条、第四十二条规定的情形外，任何单位和个人不得擅自变更、解除或者终止工资专项集体合同。

条文主旨

本条是关于不得擅自变更、解除或者终止工资专项集体合同的情形的规定。

条文解读

只有出现了第四十条规定的应当变更或者解除情形、可以变更或者解除情形和第四十二条终止情形，协商双方才可以进行变更、解除或者终止。除此之外，任何单位和个人都无权进行变更、解除或者终止工资专项集体合同。

第七章
争议处理

本章要点

本章共3条，主要规定了工资集体协商协商阶段的争议处理、协调处理工资集体协商争议期限以及工资专项集体合同履行阶段的争议处理三个方面的内容。

第七章
争议处理

第四十四条 企业工资集体协商过程中发生争议，双方应当协商解决；协商不成的，一方或者双方可以向县级以上人民政府人力资源社会保障部门提出协调处理申请。未提出申请的，县级以上人民政府人力资源社会保障部门认为必要，也可以主动协调处理。

受理申请的人力资源社会保障部门应当会同同级工会、企业代表组织等共同协调处理，必要时可以邀请其他相关部门和人员参与。

条文主旨

本条是关于工资集体协商协商阶段的争议处理的规定。

条文解读

当前，我国正处于经济转轨、社会转型期，劳动关系矛盾呈复杂化、多样化发展趋势。山东省的劳动关系矛盾总体上是稳定的，但是劳动争议仍处于多发态势，尤其是部分企业因不履行或违反工资专项集体合同的不正当行为，容易引发劳动关系矛盾激化，甚至酿成群体性事件。

协商阶段的争议是利益之争，争议处理实行属地管理，处理方式是协商解决和协调处理。根据《集体合同规定》，对于企业工资集体协商过程中发生的争议，应当首先由双方当事人协商解决，协商是必经阶段。协商双方经协商未能达成一致意见的，一方或者双方可以向县级以上人民政府人力资源社会保障部门提出协调处理申请。对于影响较大的、具有导向性的协商争议，即使双方没有提出协调处理的申请，人社部门认为有必要，也可以主动介入。

由人社部门、工会、企业代表组织组成的协调劳动关系三方机制是化解劳资矛盾的主要平台。因此，三方成员单位应当共同协调处理。同时，邀请其他相关部门和人员参与，一方面有利于为协调处理提供专业的辅助，另一方面有利于进一步缓和矛盾，促成双方尽快达成一致意见，维护劳动关系的和谐稳定。

协调处理工资集体协商争议应当按照以下程序进行：一是受理申请；二是调查了解情况；三是研究制订协调处理方案；四是对争议进行协调处理；五是制作协调处理协议书。协调处理协议书经协调处理人员和协商双方首席协商代表签字后生效，争议双方应遵守生效的协调处理协议书。

工会依照国家和地方政府有关劳动争议处理的规定，积极参与工资集体协商争议的处理工作，是保证工资专项集体合同有效实施，切实维护职工合法权益的需要；是协调劳动关系，维护职工队伍稳定，促进企业发展的需要；也是工会促进经济社会协调发展，构建社会主义和谐社会的需要。各级工会组织要站在经济社会发展全局的高度，充分认识做好工资集体协商争议处理工作的重要性和必要性，履行好维护职工合法权益的基本职责，更好地表达职工群众的利益诉求，妥善处理好工资集体协商争议事件。

相关规定

《中华人民共和国劳动法》第八十四条：因签订集体合同发生争议，当事人协商解决不成的，当地人民政府劳动行政部门可以组织有关各方协调处理。

《山东省劳动合同条例》第四十六条：县级以上人民政府劳动行政部门应当会同工会和企业方面代表，建立健全协调劳动关系三方机制，共同协调处理集体合同争议。因订立集体合同发生争议，双方应当协商解决。协商解决不成的，可以通过协调劳动关系三方机制协调处理。

原劳动和社会保障部颁布的《集体合同规定》第四十九条：集体协商过程中发生争议，双方当事人不能协商解决的，当事人一方或双方可以书面向劳动保障行政部门提出协调处理申请；未提出申请的，劳动保障行政部门认为必要时也可以进行协调处理。第五十条：劳动保障行政部门应当组织同级工会和企业组织等三方面的人员，共同协调处理集体协商争议。

第四十五条 协调处理工资集体协商争议，应当自受理申请之日或者作出主动协调处理决定之日起三十日内处理完毕。争议复杂需要延期的，经县级以上人民政府人力资源社会保障部门负责人批准，可以延长十五日，并向争议双方书面说明延期理由。

条文主旨

本条是关于协调处理工资集体协商争议期限的规定。

条文解读

本条主要依据原劳动和社会保障部颁布的《集体合同规定》第五十二条的规定设定的协调处理期限。为了维护协商双方合法权益，避免工资集体协商争议无限延期，《条例》规定了工资集体协商争议处理期限，即自受理申请之日或者作出主动协调处理决定之日起 30 日内处理完毕；同时考虑某些特殊情况，又规定了 15 日的延长期限。

相关规定

原劳动和社会保障部颁布的《集体合同规定》第五十二条：协调处理集体协商争议，应当自受理协调处理申请之日起 30 日内结束协调处理工作。期满未结束的，可以适当延长协调期限，但延长期限不得超过 15 日。

第四十六条 因履行工资专项集体合同发生争议，依照《中华人民共和国劳动争议调解仲裁法》的有关规定予以解决。

条文主旨

本条是关于工资专项集体合同履行阶段争议处理的规定。

条文解读

工资专项集体合同履行阶段的争议是一方无正当理由不履行或者不完全履行工资专项集体合同，应否承担责任或者承担多大责任的分歧。

这种争议是权利之争，依照《中华人民共和国劳动争议调解仲裁法》的处理方式是调解、仲裁和提起诉讼。

调解。协商解决是处理履行工资集体协商争议的必用方式和必经程序。对履行工资专项集体合同发生的争议，双方代表应及时协商，制订解决方案并共同实施。由工会代表劳动者与用人单位协商，能够与用人单位更平等、更有效地进行协商。如果用人单位违反合同规定，侵犯工会或职工合法权益，并造成经济损失的，工会作为与用人单位签订工资专项集体合同的法律主体，可以依法要求用人单位按照有关法律法规的规定承担赔偿责任。

仲裁和提起诉讼。因履行工资专项集体合同发生争议，经协商、调解达不成一致的，工会还可以代表全体职工向劳动争议仲裁委员会申请仲裁。对仲裁裁决不服的，可以自收到裁决书之日起十五日内向人民法院提起诉讼。诉权是法律赋予法律关系主体进行诉讼的基本权能，《中华人民共和国工会法》明确规定了工会的诉权，赋予了工会独立民事权利主体的资格。当职工或工会的合法权益受到侵害时，工会可以以独立主体的资格诉诸法律，参加诉讼活动，主张和维护自己的合法权益。

针对企业工会而言，在工资专项集体合同争议处理中应该注意以下问题：

1. 加强工会组织建设。特别是要做好工会法人资格登记，依法取得社团法人资格，明确其具有独立承担民事责任能力，有权代表职工提请争议调解和仲裁。工会作为社团法人，代表职工行使诉权，必须依法办理工会法人资格证书，建立独立账号。

2. 签订规范的工资专项集体合同。工资专项集体合同是争议调解、仲裁的基础和依据。合同的内容和签订程序必须符合法律法规和政策，符合企业实际，做到程序规范、内容具体、标准量化、权责明确，一旦发生争议就有进行调解和仲裁的依据。

3. 代表职工提请仲裁。工会要积极督促企业履行工资专项集体合同。当发生争议时，主要通过协商来解决，协商不成时，要主动向劳动行政部门和上级工会申请调解。必须提请劳动行政部门仲裁时，工会应召开职工代表大会讨论，充分听取职工群众的意见，形成共同意愿，通过民主程序做出提请仲裁的决议。同时，准备好提请仲裁所需的法律法规依据、相关文件，提供翔实的情况资料、法律文书和说明等。必要时可以提请上级工会进行指导或法律援助，以保证工资专项集体合同仲裁的合法性、准确性，提高仲裁的胜诉率。

相关规定

《中华人民共和国劳动争议调解仲裁法》第五条：发生劳动争议，当事人不愿协商、协商不成或者达成和解协议后不履行的，可以向调解组织申请调解；不愿调解、调解不成或者达成调解协议后不履行的，可以向劳动争议仲裁委员会申请仲裁；对仲裁裁决不服的，除本法另有规定的外，可以向人民法院提起诉讼。

《中华人民共和国劳动法》第八十四条：因履行集体合同发生争议，当事人协商解决不成的，可以向劳动争议仲裁委员会申请仲裁；对仲裁裁决不服的，可以自收到仲裁裁决书之日起十五日内向人民法院提起诉讼。

《中华人民共和国劳动合同法》第五十六条：用人单位违反集体合同，侵犯职工劳动权益的，工会可以依法要求用人单位承担责任；因履行集体合同发生争议，经协商解决不成的，工会可以依法申请仲裁、提起诉讼。

第七十八条：工会依法维护劳动者的合法权益，对用人单位履行劳动合同、集体合同的情况进行监督。用人单位违反劳动法律、法规和劳动合同、集体合同的，工会有权提出意见或者要求纠正；劳动者申请仲裁、提起诉讼的，工会依法给予支持和帮助。

《中华人民共和国工会法》第二十条：企业违反集体合同，侵犯职工劳动权益的，工会可以依法要求企业承担责任；因履行集体合同发生争议，经协商解决不成的，工会可以向劳动争议仲裁机构提请仲裁，仲裁机构不予受理或者对仲裁裁决不服的，可以向人民法院提起诉讼。

《山东省劳动合同条例》第四十七条：因履行集体合同发生争议，当事人协商解决不成的，可以依法申请仲裁、提起诉讼。

原劳动和社会保障部颁布的《集体合同规定》第五十五条：因履行集体合同发生的争议，当事人协商解决不成的，可以依法向劳动争议仲裁委员会申请仲裁。

第八章 法律责任

本章要点

本章共8条，主要规定了企业、职工、双方协商代表以及人社部门、工会及其工作人员等违法或者失职行为所应承担的法律责任以及职工方协商代表权益受损时的法律救济、企业违反《条例》时的工会监督等方面的内容。

第八章

法律责任

第四十七条　企业违反本条例规定，有下列行为之一的，由县级以上人民政府人力资源社会保障部门责令限期改正；逾期未改正的，记入企业诚信档案，并由县级以上人民政府有关部门和单位取消企业、法定代表人或者主要负责人劳动关系领域评优评先资格；情节严重的，本年度不得享受各级人民政府在社会保障领域的奖励和扶持政策：

（一）拒绝或者故意拖延工资集体协商的；

（二）不提供或者不如实向职工方协商代表提供与协商有关情况和资料的；

（三）拒绝为职工方协商代表开展协商提供必要工作条件的；

（四）不履行工资专项集体合同的；

（五）阻碍开展工资集体协商的其他行为。

条文主旨

本条是关于企业拒绝或者故意拖延工资集体协商等行为所应承担的法律责任的规定。

条文解读

本条例对企业方出现的以下违法行为，规定了其所应该承担的法律责任。

1. 拒绝或者故意拖延工资集体协商的、不履行工资专项集体合同的两种行为。当前我国经济下行压力加大，正处于改革攻坚期和矛盾凸显期，又是增长速度换挡期、结构调整阵痛期、前期刺激政策消化期“三期”叠加，各种矛盾和问题相互交织，经济社会发展中的不稳定、不确定因素增加，部分企业生产经营面临困难，原来对集体协商就有抵触心理的企业方对工资集体协商更加抵触，拒绝开展工资集体协商以及不履行工资专项集体合同的行为时有发生。究其原因，主要是对工资集体协商制度的认识还存在一定程度的误区：一些企业经营者片面认为开展工资集体协商就是给职工涨工资，干涉企业经营自主权，增加企业成本，影响企业发展，对工资集体协商工作不积极、不配合；一些职工缺乏维权意识，认为开展工资集体协商是走过场、搞形式，对工资集体协商工作不信任、不积极，缺乏参与热情。

2. 不提供或者不如实向职工方协商代表提供与协商有关情况和资料的行为。职工方协商代表在协商前熟悉与工资集体协商有关的法律法规和规章制度，尤其是与协商内容有直接关系的企业内部情况资料，对提高工资集体协商质量至关重要。但是，在实际谈判过程中，对于职工方来说，往往很难获取企业的生产经营状况、盈利水平、劳动生产率和人均收入水平等与协商有关的情况和资料，这就导致了在协商时职工方只能泛泛而谈，“粗线条”勾勒集体合同文本，对工资调整缺乏相应的依据，说服力不强，导致缺乏理直气壮、有理有据地跟企业行政方进行协商的底气，更制约了集体合同的实效，起不到应有的效果。

3. 拒绝为职工方协商代表开展协商提供必要工作条件的行为。《山东省劳动合同条例》第三十六条规定：企业应当保障集体协商代表履行职责所必需的工作时间和工作条件。集体协商代表参加集体协商视为提供正常劳动。第三十七条规定：企业不得因职工一方集体协商代表履行其职责而调整其工作岗位、免除其职务、降低其职级或者工资福利待遇、解除其劳动合同。《条例》第十五条第一款也明确规定：企业应当为协商代表提供参加工资集体协商所必需的工作条件。协商代表参加工资集体协商以及有关的会议、培训等视为提供正常劳动，其工资、福利待遇不变。企业不得因协商代表依照本条例履行职责与其解除劳动合同。所以说，为职工方协商代表开展协商提供必要工作条件是企业方应该承担的法定义务。在开展协商过程中，企业方应该保证职工方协商代表在协商期间的工资和福利待遇不变，企业方不得因职工一方集体协商代表履行其职责而调整其工作岗位、免除其职务、降低其职级或者工资福利待遇、解除其劳动合同。违反这些规定，就会受到相应的处罚。

但是，处罚不是目的，而是为了更好地推动工资集体协商工作。只有增强法律责任的刚性约束，才能为工资集体协商提供坚实的法治保障，从而促进劳动关系稳定和和谐社会建设。对上述违法行为，如果仅规定由人力资源社会保障部门警告、责令限期改正，那么对违反规定拒绝或阻碍工资集体协商的企业就不能予以有力惩处，难以起到有效促使企业依法开展工资集体协商的作用。《条例》从山东省实际情况出发，创设性地规定，对本条规定的五种违法行为，除了由人力资源社会保障部门警告、责令限期改正以外，对逾期不改的，还要记入企业诚信档案，并取消企业、法定代表人或者主要负责人劳动关系领域评优评先资格；情节严重的，本年度不得享受各级人民政府在社会保障领域的奖励和扶持政策。这些处罚不仅非常有必要，充分体现了“有特色、不抵触、可操作”的地方立法原则，而且也符合《中华人民共和国劳动合同法》第四条的立法精神，可以更加有力地保障、督促企业开展工资集体协商。针对企业出现本条规定的五种违法行为，人力资源社会保障部门应当加大执法力度。县级以上人民政府有关部门和单位在劳动关系领域开展劳动模范、五一劳动奖状（章）、富民兴鲁奖状（章）等评优评先活动时，应将开展工资集体协商作为重要的评选指标严格把关，对有本条规定的五种行为的，应当取消参选资格。情节严重的，属于严重侵犯职工合法权益的行为，本年度不得享受各级人民政府在社会保障领域的奖励和扶持政策，增强《条例》对违法行为的威慑力。

相关规定

《劳动保障监察条例》第三十条：有下列行为之一的，由劳动保障行政部门责令改正；对有第（一）项、第（二）项或者第（三）项规定的行为的，处2000元以上2万元以下的罚款：

（一）无理抗拒、阻挠劳动保障行政部门依照本条例的规定实施劳动保障监察的；

（二）不按照劳动保障行政部门的要求报送书面材料，隐瞒事实真相，出具伪证或者隐匿、毁灭证据的；

（三）经劳动保障行政部门责令改正拒不改正，或者拒不履行劳动保障行政部门的行政处理决定的；

（四）打击报复举报人、投诉人的。

违反前款规定，构成违反治安管理行为的，由公安机关依法给予治安管理处罚；构成犯罪的，依法追究刑事责任。

《中共中央、国务院关于构建和谐劳动关系的意见》规定：加强劳动保障诚信评价制度建设，建立健全企业诚信档案。

《山东省劳动合同条例》第五十八条：违反本条例规定，用人单位有下列情形之一的，由县级以上人民政府劳动行政部门责令改正；逾期未改正的，将其违法行为记入信用档案，向社会公布，并由县级以上人民政府有关部门和单位取消其单位、法定代表人或者主要负责人评优评先资格；给劳动者造成损害的，依法承担赔偿责任：

（一）未建立集体协商制度实行民主管理的；

（二）拒绝就订立集体合同与职工一方进行集体协商或者故意拖延订立集体合同的；

（三）不提供或者不如实向职工一方集体协商代表提供订立集体合同有关情况和资料的；

（四）打击报复职工一方集体协商代表，违法解除职工一方集体协商代表劳动合同的；

（五）劳动规章制度规定的劳动条件、劳动报酬等低于集体合同规定的；

（六）与劳动者订立的劳动合同约定的劳动条件和劳动报酬等低于集体合同规定的；

（七）未将集体合同文本、劳动用工信息、工资调整实施方案报劳动行政部门审查或者备案的。

第四十八条 违反本条例规定，企业因职工方协商代表履行职责而与其解除劳动合同的，由县级以上人民政府人力资源社会保障部门责令企业继续履行劳动合同，并补发劳动合同解除期间应得的劳动报酬；职工方协商代表不要求继续履行劳动合同或者劳动合同已经无法继续履行的，由县级以上人民政府人力资源社会保障部门责令企业依法支付赔偿金。

企业因职工方协商代表履行职责而扣发、降低其工资的，由县级以上人民政府人力资源社会保障部门责令限期支付扣发、降低的工资；逾期未支付的，责令企业依法支付并加付赔偿金。

条文主旨

本条是关于职工方协商代表权益受损时的法律救济的规定。

条文解读

当前，部分企业职工和工会干部确实存在对工资集体协商“不敢谈”的情况，究其原因主要是担心被打击报复。职工方协商代表正常履行职责，必然会与企业行政方发生意见冲突，而被企业方以各种理由为借口解除劳动合同或扣发、降低其工资，会极大影响职工方协商代表积极性的发挥。而我国规范企业工资集体协商的法律、法规相对滞后，《劳动法》《劳动合同法》《工会法》等法律对工资集体协商只有原则性规定，没有设定法律责任，刚性不足，不利于企业工资集体协商工作的开展。

本条根据《中华人民共和国劳动合同法》有关规定，参照外省（市、区）立法经验，明确规定了职工方协商代表权益受损时的救济方式，确保职工方协商代表与企业的劳动关系不因其履行协商代表职责而受影响。《中华人民共和国劳动合同法》第四十八条对用人单位违反该法规定解除劳动合同的行为，规定劳动者要求继续履行劳动合同的，用人单位应当继续履行；劳动者不要求继续履行劳动合同或者劳动合同已经不能继续履行的，用人单位则应当依照该法第八十七条的规定，向劳动者支付赔偿金，同时也规定了赔偿金的详细计算标准及方法，即按照《中华人民共和国劳动合同法》第四十七条规定的经济补偿标准的二倍向劳动者支付赔偿金。《条例》采用了《中华人民共和国劳动合同法》的这一规定，同时在此基础上，规定企业因职工方协商代表履行职责而解除其劳动合同或者扣发、降低其工资、福利的，要承担相应的法律责任，更加有利于保护职工方协商代表的合法权益，保障职工方协商代表不因履行协商职责而遭受不公正待遇，从而确保工资集体协商工作的顺利开展。

相关规定

《中华人民共和国劳动法》第八十九条：用人单位制定的劳动规章制度违反法律、法规规定的，由劳动行政部门给予警告，责令改正；对劳动者造成损害的，应当承担赔偿责任。

《中华人民共和国劳动合同法》第四十七条：经济补偿按劳动者在本单位工作的年限，每满一年支付一个月工资的标准向劳动者支付。六个月以上不满一年的，按一年计算；不满六个月的，向劳动者支付半个月工资的经济补偿。劳动者月工资高于用人单位所在直辖市、设区的市级人民政府公布的本地区上年度职工月平均工资三倍的，向其支付经济补偿的标准按职工月平均工资三倍的数额支付，向其支付经济补偿的年限最高不超过十二年。本条所称月工资是指劳动者在劳动合同解除或者终止前十二个月的平均工资。

《中华人民共和国劳动合同法》第四十八条：用人单位违反本法规定解除或者终止劳动合同，劳动者要求继续履行劳动合同的，用人单位应当继续履行；劳动者不要求继续履行劳动合同或者劳动合同已经不能继续履行的，用人单位应当依照本法第八十七条规定支付赔偿金。

《中华人民共和国劳动合同法》第八十五条：用人单位有下列情形之一的，由劳动行政部门责令限期支付劳动报酬、加班费或者经济补偿；劳动报酬低于当地最低工资标准的，应当支付其差额部分；逾期不支付的，责令用人单位按应付金额百分之五十以上百分之一百以下的标准向劳动者加付赔偿金：

（一）未按照劳动合同的约定或者国家规定及时足额支付劳动者劳动报酬的；

（二）低于当地最低工资标准支付劳动者工资的；

（三）安排加班不支付加班费的；

（四）解除或者终止劳动合同，未依照本法规定向劳动者支付经济补偿的。

《中华人民共和国劳动合同法》第八十七条：用人单位违反本法规定解除或者终止劳动合同的，应当依照本法第四十七条规定的经济补偿标准的二倍向劳动者支付赔偿金。

第四十九条　企业违反本条例规定的，地方各级总工会可以向企业发出劳动法律监督意见书，要求企业改正；拒不改正的，地方各级总工会可以向同级人力资源社会保障部门提出劳动法律监督建议书，人力资源社会保障部门应当依法处理，及时将处理结果书面告知该总工会。

条文主旨

本条是关于企业违反《条例》时工会监督的规定。

条文解读

监督权，是法律法规赋予工会的一项重要权利。《中华人民共和国劳动法》第八十八条规定：各级工会依法维护劳动者的合法权益，对用人单位遵守劳动法律、法规的情况进行监督。《中华人民共和国劳动合同法》第七十八条规定：工会依法维护劳动者的合法权益，对用人单位履行劳动合同、集体合同的情况进行监督。用人单位违反劳动法律、法规和劳动合同、集体合同的，工会有权提出意见或者要求纠正；劳动者申请仲裁、提起诉讼的，工会依法给予支持和帮助。《中华人民共和国工会法》第二十五条规定：工会有权对企业、事业单位侵犯职工合法权益的问题进行调查，有关单位应当予以协助。

此外，《中华人民共和国社会保险法》《中华人民共和国职业病防治法》《中华人民共和国妇女权益保障法》《中华人民共和国就业促进法》《劳动保障监察条例》等法律法规都有相同或近似的规定。

但是，工会劳动法律监督权在实际工作中难以落实，为了破解这一难题，全国总工会以及部分省市都推行了“两书”制度，即当用人单位存在违反劳动法律的问题时，工会以书面形式向用人单位发出《工会劳动法律监督意见书》，提出整改意见；如果用人单位不接受工会的意见或接受意见但拒绝整改的，县级以上总工会可以向同级人力资源和社会保障部门递交《工会劳动法律监督建议书》，建议人力资源和社会保障部门进行查处，并将处理情况回复工会。经过省内外各地方的实践检验，

"两书"制度是工会行使劳动法律监督权的有效抓手，是工会实施劳动法律监督的有效形式，是充分发挥工会群众性优势和人社部门行政性优势的有效载体。

1. 解决了工会劳动法律监督权的落地问题。由于法律赋予工会的监督权只是原则性规定，导致工会的监督权难以落地。当发现劳动违法行为时，工会大多是口头提出意见建议，有的用人单位便不予理睬。"两书"制度，就是把工会的口头意见上升为书面意见，这个意见不是工会某个人的意见，而是一级工会组织针对用人单位的劳动违法行为表明的郑重态度，如果用人单位拒不改正，工会将书面提请人社部门予以查处。这就把法律赋予工会的监督权转化为具有可操作性的实施手段，使法律的规定不再停留在条文上，解决了工会监督权的落地问题。

2. 有利于工会劳动法律监督与人社部门执法监察发挥各自优势。山东省工会系统有一支庞大的劳动法律监督员队伍，截至 2016 年年底，山东省有劳动法律监督组织 8.2 万个，劳动法律监督员 169 万名，且广泛分布在各个企业，他们可以直接了解收集企业遵守执行劳动法律法规的情况，工会组织可以通过他们了解企业违反劳动法律法规的情况。人社部门根据工会提出的《劳动法律监督建议书》，不仅可以有的放矢地查处案件，而且能够为工会劳动法律监督提供有效保障。所以，"两书"制度是发挥工会组织优势和人社部门监察优势的有效途径，能够使工会的监督权与人社部门的执法权实现有效对接。

3. 促使工会提高维权意识和维权能力。实施"两书"制度不仅给工会行使劳动法律监督权提供了一个抓手和途径，也对各级工会的维权意识和维权能力提出了新的挑战。实施好"两书"制度，要求工会组织：一是强化维权意识，时刻关注职工的劳动权益，善于发现问题，敢于及时提出工会的意见；二是提高劳动法律监督员的业务素质，使他们熟练掌握劳动法律法规，能够准确判断问题的性质，厘清劳动法律关系，特别是要提高调查、取证、沟通、协调、分析、研判的能力，形成工会内部迅速高效的决策运行机制，适时提出工会的意见建议；三是与人社部门建立工作协调机制，畅通协作渠道，做到信息共享、检查联动，共建和谐劳动关系。工会组织要积极配合人社部门查处案件，使劳动法律整改建议书真正发挥威力。同时完善“两书”的登记归档工作，以便进行年度汇总以及分析和研判劳动关系的现状、特点和规律，为当地发展和谐劳动关系提出有针对性的对策。

相关规定

《中华人民共和国劳动法》第八十八条：各级工会依法维护劳动者的合法权益，对用人单位遵守劳动法律、法规的情况进行监督。

《中华人民共和国劳动合同法》第七十八条：工会依法维护劳动者的合法权益，对用人单位履行劳动合同、集体合同的情况进行监督。用人单位违反劳动法律、法规和劳动合同、集体合同的，工会有权提出意见或者要求纠正。

《中华人民共和国工会法》第二十一条：企业侵犯职工劳动权益的，工会可以提出意见调解处理。

《中华人民共和国工会法》第二十五条：工会有权对企业、事业单位侵犯职工合法权益的问题进行调查，有关单位应当予以协助。

《工会劳动法律监督试行办法》第五条：工会在进行劳动法律监督方面依法享有以下权利：1. 对用人单位执行劳动法律法规的情况进行监督；2. 参与调查处理；3. 提出意见要求改正；4. 要求政府劳动监察部

门处理；5. 支持职工依法举报、控告；6. 舆论监督。

第五十条 职工方协商代表违反本条例规定的，企业工会或者上级工会应当责令改正；拒不改正的，提交职工代表大会或者全体职工讨论，经全体职工代表或者全体职工过半数通过，撤销其协商代表资格。

条文主旨

本条是关于职工方协商代表违法行为所应承担的相关法律责任的规定。

条文解读

职工方协商代表在工资集体协商中承担着重要的责任，享有代表职工方开展协商相关工作的权利也负有相应的义务，要在法律法规的范围内活动。

职工方协商代表履行职责过程中违反《条例》的行为主要有以下几种：

1. 扰乱或破坏企业正常生产、工作秩序；

2. 有威胁、收买、欺骗、打击报复等行为；

3. 未切实代表本方利益，如实反映本方诉求，参加争议处理，及时与本方沟通协商情况，接受询问；

4. 不积极参加协商活动，收集、研究相关情况和资料，拟定协商议题，如实向对方提供与协商有关的情况和资料，监督合同履行；

5. 违反《条例》的其他行为。

对有上述行为的职工方协商代表，企业工会或者上级工会应当责令其改正；拒不改正的，应当按照其产生程序，即提交职工代表大会或者全体职工讨论，经全体职工代表或者全体职工过半数通过，撤销其协商代表资格。因此造成的协商代表缺额，要及时做好补缺工作。

这些法律责任的设定，可以在一定程度上保证职工方协商代表通过合法途径履行协商职责，维护企业的合法权益不受侵犯，符合《条例》兼顾双方合法利益的基本原则，在保障职工享有平和理性表达合理工资诉求的权利、充分享受企业发展成果的同时，也坚持以构建和谐劳动关系、维护企业正常生产经营秩序、促进企业又好又快发展的立法主旨。

相关规定

《中华人民共和国工会法》第五十五条：工会工作人员违反本法规定，损害职工或者工会权益的，由同级工会或者上级工会责令改正，或者予以处分；情节严重的，依照《中国工会章程》予以罢免；造成损失的，应当承担赔偿责任；构成犯罪的，依法追究刑事责任。

第五十一条　违反本条例规定，协商代表和记录员披露企业商业秘密，给企业造成损失的，依法承担相应法律责任。

条文主旨

本条是关于协商代表和记录员泄露企业商业秘密所应承担的相关法律责任的规定。

条文解读

协商过程往往会涉及企业的经营状况等方面的相关数据和信息，有些数据和信息属于企业的商业秘密，即不为公众所知悉、能为企业带来经济利益、具有实用性并被企业采取保密措施的技术信息和经营信息。商业秘密是企业的财产权利，它关乎企业的竞争力，对企业的发展至关重要，有的甚至直接影响到企业的生存。这也是企业不愿提供与协商有关的情况和资料的重要原因。

《条例》第十六条、第二十六条对协商代表、协商会议记录员的保密义务进行了规定，本条对违反上述规定的行为，设定了法律责任。具体而言，则可根据违法情形、后果，依照《中华人民共和国侵权责任法》甚至《中华人民共和国刑法》等追究泄密人员的法律责任。

相关规定

原劳动和社会保障部颁布的《集体合同规定》第二十六条：协商代表应当保守在集体协商过程中知悉的用人单位的商业秘密。

原劳动和社会保障部颁布的《工资集体协商试行办法》第十五条：协商代表应遵守双方确定的协商规则，履行代表职责，并负有保守企业商业秘密的责任。

第五十二条　违反本条例规定，企业或者职工采取暴力、威胁等手段干扰工资集体协商，伤害协商代表，或者迫使对方接受其要求，构成违反治安管理行为的，由公安机关依法予以处理；构成犯罪的，依法追究刑事责任。

条文主旨

本条是关于企业方或者职工方违法行为所应承担的相关法律责任的规定。

条文解读

企业工资集体协商应当遵循合法、平等、公开、诚信原则，协商双方均不得威胁、恐吓、利诱对方协商代表，不得限制对方协商代表人身自由，或者进行侮辱、暴力伤害，也不得有其他可能激化矛盾的行为。这些违法行为的产生，会对工资集体协商工作的有序开展造成极大的负面影响。本条对协商双方违反治安管理或构成犯罪的行为，分别明确了法律责任，可以在一定程度上确保协商双方采用平和、理性的方式开展协商，有利于维护企业正常生产经营秩序。

违反治安管理行为，是指扰乱公共秩序，妨害公共安全，侵犯人身权利、财产权利，妨害社会管理，具有社会危害性，尚不够刑事处罚的行为。企业或者职工的行为构成违反治安管理行为的，可以依据《中华人民共和国治安管理处罚法》第二十三条第一款第（一）项的规定，由公安机关依法予以处理，即扰乱机关、团体、企业、事业单位秩序，致使工作、生产、营业、医疗、教学、科研不能正常进行，尚未造成严重损失的，处警告或者二百元以下罚款；情节较重的，处五日以上十日以下拘留，可以并处五百元以下罚款。

犯罪，是指违反国家法律、给社会造成一定危害、并根据法律应当受到刑事处罚的行为。企业或者职工的行为构成犯罪的，应当依据犯罪情节的轻重，按照《中华人民共和国刑法》的有关规定，依法追究刑事责任。

相关规定

《中华人民共和国治安管理处罚法》第二十三条：有下列行为之一的，处警告或者二百元以下罚款；情节较重的，处五日以上十日以下拘留，可以并处五百元以下罚款：

（一）扰乱机关、团体、企业、事业单位秩序，致使工作、生产、营业、医疗、教学、科研不能正常进行，尚未造成严重损失的；

（二）扰乱车站、港口、码头、机场、商场、公园、展览馆或者其他公共场所秩序的；

（三）扰乱公共汽车、电车、火车、船舶、航空器或者其他公共交通工具上的秩序的；

（四）非法拦截或者强登、扒乘机动车、船舶、航空器以及其他交通工具，影响交通工具正常行驶的；

（五）破坏依法进行的选举秩序的。

聚众实施前款行为的，对首要分子处十日以上十五日以下拘留，可以并处一千元以下罚款。

第五十三条 人力资源社会保障部门或者其他有关部门及其工作人员在工资集体协商指导、协调或者工资专项集体合同审查、监督工作中，滥用职权、玩忽职守、徇私舞弊的，对直接负责的主管人员和其他直接责任人员，由有关主管机关依法给予处分。

条文主旨

本条是关于人力资源社会保障部门或者其他有关部门及其工作人员失职行为所应承担的法律责任的规定。

条文解读

人力资源社会保障部门或者其他有关部门及其工作人员对工资集体

协商工作负有监督管理职责。《条例》第五条、第六条、第三十条、第四十四条、第四十五条等对人力资源和社会保障部门在企业工资集体协商和工资专项集体合同工作中的职责做出了具体规定。为了督促其认真履行职责，确保集体协商制度和职工维权制度的落实，对失职部门及其工作人员给予一定处理，以起到警示作用。

本条规定的违法行为主要有三种：

1. 滥用职权，指人力资源社会保障部门或者其他有关部门及其工作人员在工资集体协商指导、协调或者工资专项集体合同审查、监督工作中，处理其无权处理的事项，或者违法处理相关事项，给劳动者或者用人单位造成损害的行为。

2. 玩忽职守，是指上述人员不负责任地履行工资集体协商指导、协调以及工资专项集体合同审查、监督工作，给劳动者或者用人单位造成损害的行为。

3. 徇私舞弊，是指上述人员为了私人利益，在工资集体协商工作中，利用职务上的便利，用欺骗手段做违反规定的事情，给劳动者或者用人单位造成损害的行为。

对人力资源和社会保障部门工作人员违反上述规定，在履行职责中滥用职权、玩忽职守、徇私舞弊，尚不构成犯罪的，应根据《行政机关公务员处分条例》（国务院令第495号）的规定，视具体违法情节，给予相应处分，包括警告、记过、记大过、降级、撤职、开除六种处分。

如致使公共财产、国家和人民利益遭受重大损失，构成犯罪的，则根据《中华人民共和国刑法》第三百九十七条的规定追究刑事责任，即国家机关工作人员滥用职权或者玩忽职守，致使公共财产、国家和人民利益遭受重大损失的，处三年以下有期徒刑或者拘役；情节特别严重的，处三年以上七年以下有期徒刑。国家机关工作人员徇私舞弊，致使公共财产、国家和人民利益遭受重大损失的，处五年以下有期徒刑或者拘役；情节特别严重的，处五年以上十年以下有期徒刑。

相关规定

《中华人民共和国劳动法》第一百零三条：劳动行政部门或者有关部门的工作人员滥用职权、玩忽职守、徇私舞弊，构成犯罪的，依法追究刑事责任；不构成犯罪的，给予行政处分。

《中华人民共和国劳动合同法》第九十五条：劳动行政部门和其他有关主管部门及其工作人员玩忽职守、不履行法定职责，或者违法行使职权，给劳动者或者用人单位造成损害的，应当承担赔偿责任；对直接负责的主管人员和其他直接责任人员，依法给予行政处分；构成犯罪的，依法追究刑事责任。

《山东省劳动合同条例》第五十九条：县级以上人民政府劳动行政部门和其他有关部门及其工作人员玩忽职守、不履行法定职责，或者违法行使职权，给劳动者或者用人单位造成损害的，应当承担赔偿责任；对直接负责的主管人员和其他直接责任人员，依法给予处分；构成犯罪的，依法追究刑事责任。

第五十四条　违反本条例规定，工会及其工作人员不依法履行职责或者损害职工权益的，对直接负责的主管人员和其他直接责任人员，由有关主管机关或者同级工会责令改正；情节严重的，按照有关规定给予处分。

条文主旨

本条是关于工会及其工作人员违反本条例规定所应承担的法律责任的规定。

条文解读

代表、组织、指导、帮助职工与企业开展工资集体协商、签订工资专项集体合同，是《中华人民共和国劳动法》《中华人民共和国劳动合同法》《中华人民共和国工会法》赋予工会的义务。《条例》第七条、第八条、第二十四条、第三十四条等对工会在工资集体协商、工资集体合同签订中的职责做出了相关具体规定。

工会及其工作人员违反《条例》的行为有两种：一种是工会及其工作人员不依法履行工资集体协商工作职责。工会及其工作人员应当忠于职守，坚持原则，热心为职工说话办事，代表和维护职工合法权益，依法履行工资集体协商工作职责。另一种是工会及其工作人员妨碍职工依法行使工资集体协商权，损害职工合法权益。除不履行应尽的职责外，对个别工会及其工作人员妨碍职工依法行使工资集体协商权，损害职工合法权益的行为，也应当给予相应的处理。

对于上述工会及其工作人员不依法履行职责或者损害职工权益的行为，对直接负责的主管人员和其他直接责任人员，由有关主管机关或者同级工会责令改正；情节严重的，除了给予处分外，还可以依照《中国工会章程》予以罢免；造成损失的，应当承担赔偿责任；构成犯罪的，依法追究刑事责任。这些法律责任的设定和细化，进一步明确了具体的处理措施，增强了可操作性。

相关规定

《中华人民共和国工会法》第五十五条：工会工作人员违反本法规定，损害职工或者工会权益的，由同级工会或者上级工会责令改正，或者予以处分；情节严重的，依照《中国工会章程》予以罢免；造成损失的，应当承担赔偿责任；构成犯罪的，依法追究刑事责任。

第九章 附则

本章要点

本章仅1条，对《条例》的施行时间作出规定。

第九章 附则

第五十五条 本条例自2017年1月1日起施行。

条文主旨

本条是关于《条例》施行时间的规定。

条文解读

《条例》于2016年11月26日经山东省第十二届人民代表大会常务委员会第二十四次会议通过，山东省人民代表大会常务委员会公告第160号发布，自2017年1月1日施行。之所以《条例》的通过和实行之间存在一定"时间差"，主要是为了给相关各方一个了解、熟悉、掌握《条例》内容的"缓冲期"，从而更有利于《条例》正式施行后的贯彻执行。

附录

《山东省企业工资集体协商条例》

《工资集体协商试行办法》

山东省企业工资集体协商条例

（2016年11月26日经山东省第十二届人民代表大会常务委员会第二十四次会议通过　自2017年1月1日施行）

第一章　总　则

第一条　为了规范企业工资集体协商，保护职工和企业合法权益，促进劳动关系和谐稳定，根据《中华人民共和国劳动法》、《中华人民共和国劳动合同法》、《中华人民共和国工会法》等有关法律、行政法规，结合本省实际，制定本条例。

第二条　本省行政区域内的企业工资集体协商及其服务和管理，适用本条例。

第三条　本条例所称企业工资集体协商，是指职工方与企业方依法就企业工资分配制度、工资分配形式、工资收入水平和工资支付办法等事项进行平等协商的行为。

本条例所称工资专项集体合同，是指职工方与企业方依法就前款所列事项，在协商一致的基础上订立的专项书面协议。

第四条　企业应当依法开展工资集体协商。

企业工资集体协商应当遵循合法、平等、公开、诚信原则，兼顾职工和企业双方利益，保障职工实际工资水平与企业劳动生产率、经济效益以及当地经济社会发展水平相适应。

第五条 县级以上人民政府应当制定和完善相关政策，推动企业工资集体协商依法有序进行。

县级以上人民政府人力资源社会保障部门依法对企业工资集体协商进行监督管理。

地方各级总工会、乡镇（街道）工会、产业工会依法对职工方开展工资集体协商进行指导，对工资专项集体合同的履行进行监督。

工商业联合会和企业联合会、行业协会等企业代表组织，应当引导、支持、帮助或者参与企业工资集体协商。

第六条 县级以上人民政府人力资源社会保障部门会同工会和企业代表组织通过协调劳动关系三方机制，研究处理企业工资集体协商的重大问题。

第二章 协商代表

第七条 企业工资集体协商双方的代表人数应当对等，每方至少三名，具体人数由双方协商，并从中确定一名首席协商代表。

职工方协商代表中一线岗位职工的代表比例不低于三分之一。

第八条 职工方首席协商代表由企业工会主席担任；工会主席因故不能履行首席协商代表职责的，由主持工会工作的副主席或者委员担任。职工方其他协商代表由企业工会提名，并提交职工代表大会或者全体职工讨论，经全体职工代表或者全体职工过半数通过。

尚未建立工会的企业，职工方协商代表由上级工会指导职工民主推荐，并经全体职工过半数同意，其首席协商代表从职工方协商代表中民主推举产生。

第九条 企业方首席协商代表由企业法定代表人或者其书面委托的其他管理人员担任，其他协商代表由首席协商代表书面指定。

第十条 双方协商代表不得相互兼任。

工会工作人员不得担任企业方协商代表；企业负责人、出资人及其近亲属不得担任职工方协商代表。

第十一条 协商代表确定后，应当于五日内在本企业公布。

协商代表的任期自确定之日起至工资专项集体合同履行期满之日止。

第十二条 双方首席协商代表可以书面委托本企业以外的律师、基层法律服务工作者等专业人员作为本方协商顾问。

经双方协商同意，可以引进第三方专业咨询机构参与企业工资集体协商。

第十三条 协商代表应当履行下列职责：

（一）收集、研究与协商有关的情况和资料；

（二）拟定协商议题，如实向对方提供与协商有关的情况和资料；

（三）参加协商，真实反映本方意愿，提出协商意见；

（四）及时向本方通报协商情况并征求意见，接受询问；

（五）代表本方参加工资集体协商争议的解决；

（六）监督工资专项集体合同的履行；

（七）法律、法规规定的其他职责。

首席协商代表除履行前款规定的职责外，还负责工资集体协商的组织协调工作。

第十四条 企业工资集体协商一方需要更换协商代表或者协商代表缺额的，应当依照本条例规定的程序及时产生新的协商代表，并书面通知对方。

第十五条 企业应当为协商代表提供参加工资集体协商所必需的工作条件。协商代表参加工资集体协商以及有关的会议、培训等视为提供正常劳动，其工资、福利待遇不变。企业不得因协商代表依照本条例履行职责与其解除劳动合同。

协商代表履行职责期间劳动合同期满的，劳动合同期限自动延长至任期期满；协商代表不同意自动延长劳动合同期限的，劳动合同终止，其协商代表资格相应终止。

第十六条 协商代表应当共同维护企业的正常生产、工作秩序，保守在工资集体协商过程中知悉的商业秘密，不得采取不正当手段干扰工资集体协商，不得有威胁、收买、欺骗、打击报复行为。

第三章 协商内容

第十七条 企业工资集体协商主要包括下列内容：

（一）工资分配制度、工资标准、工资分配形式和工资支付办法；

（二）职工年度平均工资水平及其调整幅度和调整办法；

（三）本企业最低工资标准；

（四）奖金、津贴、补贴等分配办法；

（五）计时工资、计件单价和劳动定额标准；

（六）试用期，病事假，女职工孕期、产期、哺乳期，以及各种带薪假期间的工资福利待遇；

（七）工资专项集体合同期限和变更、解除、终止条件；

（八）违约责任；

（九）双方认为应当协商的其他事项。

职工方和企业方可以就前款规定的全部或者部分内容进行协商，法律、法规另有规定的除外。

工资专项集体合同期限一般为一年，最长不超过三年。

第十八条 企业工资集体协商应当以下列因素作为协商依据：

（一）地区、行业、企业的人工成本水平；

（二）地区、行业的职工平均工资水平；

（三）政府发布的人力资源市场工资指导价位、工资指导线、最低工资标准；

（四）本地区城镇居民消费价格指数；

（五）企业劳动生产率和经济效益；

（六）企业资产保值增值状况；

（七）上一年度企业职工工资总额和职工平均工资水平；

（八）当地人力资源供求状况；

（九）与工资集体协商有关的其他因素。

第十九条 工资专项集体合同规定的工资、福利待遇，应当符合政府工资分配宏观调控政策，综合考虑本条例第十八条所列因素，根据企业和职工实际情况确定。

工资专项集体合同规定的工资、福利待遇适用于所有与本企业建立劳动关系的职工。

企业和职工个人订立的劳动合同约定的工资、福利待遇，不得低于工资专项集体合同规定的标准。

第二十条 职工方和企业方协商确定的劳动定额标准，应当是本企业百分之九十以上的职工在正常劳动条件下和法定工作时间内能够完成的工作量。

第四章 协商程序

第二十一条 职工方和企业方均可以提出工资集体协商要约。

一方提出工资集体协商要约的，另一方应当自收到要约之日起十日内予以答复，无正当理由不得拒绝进行协商。

要约和答复应当采用书面形式，明确协商的时间、地点、内容等，并对本方主张作出说明。

第二十二条 企业工会提出工资集体协商要约，应当听取本企业职工意见；尚未建立工会的，由上级工会指导职工民主推荐的协商代表提出工资集体协商要约。

企业法定代表人或者其书面委托的其他管理人员，可以向职工方提出工资集体协商要约。

第二十三条 职工方和企业方应当在协商开始十日前向对方提供与协商有关的情况和资料。

企业方应当提供上一年度营业收入、上缴税收、净利润、职工工资总额和职工平均工资、社会保险费用缴纳等情况和资料。

第二十四条 企业工会或者职工方协商代表应当在协商开始五日前向上一级工会报告。

第二十五条 企业工资集体协商一般采取协商会议的形式。

协商会议由双方首席协商代表轮流主持。首次协商会议由提出要约一方的首席协商代表主持。

第二十六条 双方协商代表应当共同确定一名非协商代表人员担任协商会议记录员。记录员应当如实、客观记录协商过程和结果，保守知悉的商业秘密。

会议记录由参加协商会议的全体协商代表签字确认。

第二十七条 双方协商代表达成一致意见的，应当形成工资专项集体合同草案，并提交职工代表大会或者全体职工讨论，经全体职工代表或者全体职工过半数通过。

工资专项集体合同草案通过后，由企业方制作工资专项集体合同文本，双方首席协商代表签字盖章。工资专项集体合同草案未通过的，双方协商代表应当重新协商修改。

第二十八条 企业工资集体协商的期限为六十日，自接受要约的一方答复同意协商之日起，至双方首席协商代表在工资专项集体合同上签字盖章之日止。

出现不可抗力的情形，可以中止协商。再次协商的时间、地点、内容由双方商定。中止期间不计入协商期限。

第二十九条 企业方应当自工资专项集体合同订立之日起十日内，按照管理权限，将下列资料报送人力资源社会保障部门：

（一）工资集体协商情况说明；

（二）工资专项集体合同文本；

（三）职工代表大会或者全体职工讨论通过工资专项集体合同草案的决议；

（四）双方协商代表名单以及首席协商代表有效身份证件复印件；

（五）企业营业执照复印件。

第三十条 人力资源社会保障部门应当自收到相关资料之日起十五日内，对工资专项集体合同双方主体及其协商代表资格、协商程序和合同内容进行合法性审查，出具审查意见书，并将其送达协商双方。

人力资源社会保障部门自收到工资专项集体合同文本之日起十五日内，未提出异议的，工资专项集体合同即行生效；提出异议的，双方协商代表对异议部分再行协商并重新报送。

第三十一条 双方协商代表应当自工资专项集体合同生效之日起七日内，向本方全体成员公布合同文本；职工方协商代表还应当将合同文本等相关资料报送上一级工会备案。

企业方应当每年至少向职工代表大会或者全体职工报告一次工资专

项集体合同的履行情况。

第五章　行业性、区域性工资集体协商

第三十二条　行业集聚或者小企业比较集中的区域，可以就本行业或者本区域的职工工资水平、劳动定额、工资支付办法、工资支付时间等相关事项，开展行业性或者区域性工资集体协商，订立工资专项集体合同。

第三十三条　行业性、区域性工资集体协商的职工方协商代表，由本行业或者本区域内的工会选派，并向本行业或者本区域内参加协商的所有企业职工公示。首席协商代表由工会主席担任。

第三十四条　行业性、区域性工资集体协商的企业方协商代表，由本行业或者本区域内的企业代表组织直接选派，也可以由本行业或者本区域内参加协商的所有企业民主推选产生。首席协商代表由企业方协商代表民主推举产生。

第三十五条　经集体协商形成的行业性、区域性工资专项集体合同草案，应当提交本行业或者本区域内参加协商的各企业职工代表大会或者全体职工讨论，经本企业全体职工代表或者全体职工过半数通过；建立行业或者区域职工代表大会的，也可以提交该职工代表大会讨论，经全体职工代表过半数通过。

本行业或者本区域内参加协商的工会和所有企业，应当对讨论通过的行业性、区域性工资专项集体合同盖章确认。

第三十六条　对依法订立的行业性、区域性工资专项集体合同，协商双方应当分别向本行业或者本区域内所有盖章确认该合同的企业及其职工公布。

生效的行业性、区域性工资专项集体合同对本行业或者本区域内所

有盖章确认该合同的企业及其职工具有约束力。

第三十七条 企业工资专项集体合同规定的工资标准，不得低于本企业确认的行业性、区域性工资专项集体合同规定的标准。

第三十八条 行业性、区域性工资专项集体合同的审查和备案程序，适用本条例第四章的有关规定；行业性、区域性工资集体协商的其他程序，本章没有规定的，参照本条例第四章的相关规定执行。

第六章 工资专项集体合同的履行、变更、解除和终止

第三十九条 职工方和企业方应当按照工资专项集体合同的规定，全面履行各自的义务。

第四十条 在工资专项集体合同期限内，因法律、法规制定或者修改，致使合同内容与之相抵触的，协商双方应当予以变更或者解除；有下列情形之一的，可以变更或者解除：

（一）双方协商一致的；

（二）因不可抗力致使合同部分或者全部不能履行的；

（三）企业因兼并、重组等原因，致使合同无法履行的；

（四）合同规定的变更或者解除条件出现的；

（五）法律、法规规定可以变更或者解除的其他情形。

协商一方提出变更或者解除工资专项集体合同要求的，应当以书面形式说明理由，并提供相关证明材料。

第四十一条 变更工资专项集体合同，应当依照本条例规定的工资集体协商程序办理。

解除工资专项集体合同，应当提交职工代表大会或者全体职工讨论，经全体职工代表或者全体职工过半数通过。企业方协商代表应当自合同

解除之日起七日内报送原负责审查的人力资源社会保障部门备案。

职工方协商代表应当将变更或者解除工资专项集体合同的情况，书面报告上一级工会。

第四十二条 有下列情形之一的，工资专项集体合同终止：

（一）合同期满的；

（二）企业被依法宣告破产、吊销营业执照、责令关闭、撤销，或者企业决定解散的；

（三）合同规定的终止条件出现的；

（四）法律、法规规定的其他情形。

第四十三条 除出现本条例第四十条、第四十二条规定的情形外，任何单位和个人不得擅自变更、解除或者终止工资专项集体合同。

第七章 争议处理

第四十四条 企业工资集体协商过程中发生争议，双方应当协商解决；协商不成的，一方或者双方可以向县级以上人民政府人力资源社会保障部门提出协调处理申请。未提出申请的，县级以上人民政府人力资源社会保障部门认为必要，也可以主动协调处理。

受理申请的人力资源社会保障部门应当会同同级工会、企业代表组织等共同协调处理，必要时可以邀请其他相关部门和人员参与。

第四十五条 协调处理工资集体协商争议，应当自受理申请之日或者作出主动协调处理决定之日起三十日内处理完毕。争议复杂需要延期的，经县级以上人民政府人力资源社会保障部门负责人批准，可以延长十五日，并向争议双方书面说明延期理由。

第四十六条 因履行工资专项集体合同发生争议，依照《中华人民共和国劳动争议调解仲裁法》的有关规定予以解决。

第八章　法律责任

第四十七条　企业违反本条例规定，有下列行为之一的，由县级以上人民政府人力资源社会保障部门责令限期改正；逾期未改正的，记入企业诚信档案，并由县级以上人民政府有关部门和单位取消企业、法定代表人或者主要负责人劳动关系领域评优评先资格；情节严重的，本年度不得享受各级人民政府在社会保障领域的奖励和扶持政策：

（一）拒绝或者故意拖延工资集体协商的；

（二）不提供或者不如实向职工方协商代表提供与协商有关情况和资料的；

（三）拒绝为职工方协商代表开展协商提供必要工作条件的；

（四）不履行工资专项集体合同的；

（五）阻碍开展工资集体协商的其他行为。

第四十八条　违反本条例规定，企业因职工方协商代表履行职责而与其解除劳动合同的，由县级以上人民政府人力资源社会保障部门责令企业继续履行劳动合同，并补发劳动合同解除期间应得的劳动报酬；职工方协商代表不要求继续履行劳动合同或者劳动合同已经无法继续履行的，由县级以上人民政府人力资源社会保障部门责令企业依法支付赔偿金。

企业因职工方协商代表履行职责而扣发、降低其工资的，由县级以上人民政府人力资源社会保障部门责令限期支付扣发、降低的工资；逾期未支付的，责令企业依法支付并加付赔偿金。

第四十九条　企业违反本条例规定的，地方各级总工会可以向企业发出劳动法律监督意见书，要求企业改正；拒不改正的，地方各级总工会可以向同级人力资源社会保障部门提出劳动法律监督建议书，人力资源社会保障部门应当依法处理，及时将处理结果书面告知该总工会。

第五十条 职工方协商代表违反本条例规定的，企业工会或者上级工会应当责令改正；拒不改正的，提交职工代表大会或者全体职工讨论，经全体职工代表或者全体职工过半数通过，撤销其协商代表资格。

第五十一条 违反本条例规定，协商代表和记录员披露企业商业秘密，给企业造成损失的，依法承担相应法律责任。

第五十二条 违反本条例规定，企业或者职工采取暴力、威胁等手段干扰工资集体协商，伤害协商代表，或者迫使对方接受其要求，构成违反治安管理行为的，由公安机关依法予以处理；构成犯罪的，依法追究刑事责任。

第五十三条 人力资源社会保障部门或者其他有关部门及其工作人员在工资集体协商指导、协调或者工资专项集体合同审查、监督工作中，滥用职权、玩忽职守、徇私舞弊的，对直接负责的主管人员和其他直接责任人员，由有关主管机关依法给予处分。

第五十四条 违反本条例规定，工会及其工作人员不依法履行职责或者损害职工权益的，对直接负责的主管人员和其他直接责任人员，由有关主管机关或者同级工会责令改正；情节严重的，按照有关规定给予处分。

第九章　附　则

第五十五条 本条例自 2017 年 1 月 1 日起施行。

工资集体协商试行办法

（2011年11月8日　劳动和社会保障部令第九号）

第一章　总　则

第一条　为规范工资集体协商和签订工资集体协议（以下简称工资协议）的行为，保障劳动关系双方的合法权益，促进劳动关系的和谐稳定，依据《中华人民共和国劳动法》和国家有关规定，制定本办法。

第二条　中华人民共和国境内的企业依法开展工资集体协商，签订工资协议，适用本办法。

第三条　本办法所称工资集体协商，是指职工代表与企业代表依法就企业内部工资分配制度、工资分配形式、工资收入水平等事项进行平等协商，在协商一致的基础上签订工资协议的行为。

本办法所称工资协议，是指专门就工资事项签订的专项集体合同。已订立集体合同的，工资协议作为集体合同的附件，并与集体合同具有同等效力。

第四条　依法订立的工资协议对企业和职工双方具有同等约束力。双方必须全面履行工资协议规定的义务，任何一方不得擅自变更或解除工资协议。

第五条　职工个人与企业订立的劳动合同中关于工资报酬的标准，

不得低于工资协议规定的最低标准。

第六条 县级以上劳动保障行政部门依法对工资协议进行审查，对协议的履行情况进行监督检查。

第二章 工资集体协商内容

第七条 工资集体协商一般包括以下内容：

（一）工资协议的期限；

（二）工资分配制度、工资标准和工资分配形式；

（三）职工年度平均工资水平及其调整幅度；

（四）奖金、津贴、补贴等分配办法；

（五）工资支付办法；

（六）变更、解除工资协议的程序；

（七）工资协议的终止条件；

（八）工资协议的违约责任；

（九）双方认为应当协商约定的其他事项。

第八条 协商确定职工年度工资水平应符合国家有关工资分配的宏观调控政策，并综合参考下列因素：

（一）地区、行业、企业的人工成本水平；

（二）地区、行业的职工平均工资水平；

（三）当地政府发布的工资指导线、劳动力市场工资指导价位；

（四）本地区城镇居民消费价格指数；

（五）企业劳动生产率和经济效益；

（六）国有资产保值增值；

（七）上年度企业职工工资总额和职工平均工资水平；

（八）其他与工资集体协商有关的情况。

第三章　工资集体协商代表

第九条　工资集体协商代表应依照法定程序产生。职工一方由工会代表。未建工会的企业由职工民主推举代表，并得到半数以上职工的同意。企业代表由法定代表人和法定代表人指定的其他人员担任。

第十条　协商双方各确定一名首席代表。职工首席代表应当由工会主席担任，工会主席可以书面委托其他人员作为自己的代理人；未成立工会的，由职工集体协商代表推举。企业首席代表应当由法定代表人担任，法定代表人可以书面委托其他管理人员作为自己的代理人。

第十一条　协商双方的首席代表在工资集体协商期间轮流担任协商会议执行主席。协商会议执行主席的主要职责是负责工资集体协商有关组织协调工作，并对协商过程中发生的问题提出处理建议。

第十二条　协商双方可书面委托本企业以外的专业人士作为本方协商代表。委托人数不得超过本方代表的1/3。

第十三条　协商双方享有平等的建议权、否决权和陈述权。

第十四条　由企业内部产生的协商代表参加工资集体协商的活动应视为提供正常劳动，享受的工资、奖金、津贴、补贴、保险福利待遇不变。其中，职工协商代表的合法权益受法律保护。企业不得对职工协商代表采取歧视性行为，不得违法解除或变更其劳动合同。

第十五条　协商代表应遵守双方确定的协商规则，履行代表职责，并负有保守企业商业秘密的责任。协商代表任何一方不得采取过激、威胁、收买、欺骗等行为。

第十六条　协商代表应了解和掌握工资分配的有关情况，广泛征求各方面的意见，接受本方人员对工资集体协商有关问题的质询。

第四章　工资集体协商程序

第十七条　职工和企业任何一方均可提出进行工资集体协商的要求。工资集体协商的提出方应向另一方提出书面的协商意向书，明确协商的时间、地点、内容等。另一方接到协商意向书后，应于20日内予以书面答复，并与提出方共同进行工资集体协商。

第十八条　在不违反有关法律、法规的前提下，协商双方有义务按照对方要求，在协商开始前5日内，提供与工资集体协商有关的真实情况和资料。

第十九条　工资协议草案应提交职工代表大会或职工大会讨论审议。

第二十条　工资集体协商双方达成一致意见后，由企业行政方制作工资协议文本。工资协议经双方首席代表签字盖章后成立。

第五章　工资协议审查

第二十一条　工资协议签订后，应于7日内由企业将工资协议一式三份及说明，报送劳动保障行政部门审查。

第二十二条　劳动保障行政部门应在收到工资协议15日内，对工资集体协商双方代表资格、工资协议的条款内容和签订程序等进行审查。

劳动保障行政部门经审查对工资协议无异议，应及时向协商双方送达《工资协议审查意见书》，工资协议即行生效。

劳动保障行政部门对工资协议有修改意见，应将修改意见在《工资协议审查意见书》中通知协商双方。双方应就修改意见及时协商，修改工资协议，并重新报送劳动保障行政部门。

工资协议向劳动保障行政部门报送经过15日后，协议双方未收到劳动保障行政部门的《工资协议审查意见书》，视为已经劳动保障行政部门同意，该工资协议即行生效。

第二十三条 协商双方应于5日内将已经生效的工资协议以适当形式向本方全体人员公布。

第二十四条 工资集体协商一般情况下一年进行一次。职工和企业双方均可在原工资协议期满前60日内，向对方书面提出协商意向书，进行下一轮的工资集体协商，做好新旧工资协议的相互衔接。

第六章 附 则

第二十五条 本办法对工资集体协商和工资协议的有关内容未做规定的，按《集体合同规定》的有关规定执行。

第二十六条 本办法自发布之日起施行。

后 记

为深入推进《山东省企业工资集体协商条例》的学习宣传和贯彻实施，山东省人大内务司法委员会、山东省人大常委会法制工作委员会、山东省总工会立法起草小组成员于2017年1月着手编写本书，历经半年，终于与广大读者见面。

山东省人大常委会、山东省总工会对本书编写工作高度重视，给予了大力支持。省人大常委会副主任尹慧敏、省人大常委会原副主任于建成担任本书主编，省人大内务司法委员会主任委员郭建昌、省总工会常务副主席刘赞杰、省人大内务司法委员会副主任委员翟黎明、省人大常委会法制工作委员会主任周杰担任副主编，省人大内务司法委员会、省人大常委会法工委和省总工会有关负责同志组成编写委员会成员。省总工会法律工作部卢国栋、吴兴波、赵玉玲、孙健、张犁，省人大内务司法委员会办公室张明敏做了大量基础性工作。

本书由卢国栋、吴兴波统稿，张明敏审核，刘赞杰、冯庆禄定稿。

《条例》的制定得到了山东省17个市人大常委会、工会等单位和有关部门的积极协助，省人力资源和社会保障厅等有关单位和部门给予了大力支持。在此一并致谢！

由于时间紧迫和水平所限，书中疏漏、错误之处在所难免，恳请广大读者指正！

本书编写组

2017年6月